Goethes Römisches Haus

# STUDIEN ZUR NEUEREN LITERATUR

Herausgegeben von Anselm Maler

Band 15

PETER LANG

Almut Constanze Nickel

# Goethes Römisches Haus

Ein Freimaurertempel

**PETER LANG**

**Bibliografische Information der Deutschen Nationalbibliothek**
Die Deutsche Nationalbibliothek verzeichnet diese Publikation in
der Deutschen Nationalbibliografie; detaillierte bibliografische
Daten sind im Internet über http://dnb.d-nb.de abrufbar.

Film- und Bühnenrechte bei der Autorin.

Umschlagabbildung: Urs Rinninsland, Kassel.

Umschlaggestaltung:
© Olaf Gloeckler, Atelier Platen, Friedberg

ISSN 2193-3952
ISBN 978-3-631-74755-1 (Print)
E-ISBN 978-3-631-75068-1 (E-PDF)
E-ISBN 978-3-631-75069-8 (EPUB)
E-ISBN 978-3-631-75070-4 (MOBI)
DOI 10.3726/b13620

© Peter Lang GmbH
Internationaler Verlag der Wissenschaften
Berlin 2018
Alle Rechte vorbehalten.

Peter Lang – Berlin · Bern · Bruxelles · New York · Oxford ·
Warszawa · Wien

Diese Publikation wurde begutachtet.

www.peterlang.com

„ALLES, WAS DAHER VON MIR BEKANNT GEWORDEN,
SIND NUR BRUCHSTÜCKE EINER GROSSEN KONFESSION"

„UND SOLANG DU DAS NICHT HAST
DIESES: STIRB UND WERDE!
BIST DU NUR EIN TRÜBER GAST
AUF DER DUNKLEN ERDE."

GOETHE

# Inhalt

# 1. Methodologische Vorbemerkung

Die vorliegende Studie befaßt sich mit Goethes Werk und Wirken in Weimar und fragt nach der Relevanz, die der Freimaurerei für eine Deutung der darin enthaltenen Lebensspuren zukommt. Ausgangspunkt für die daran anschließenden Beobachtungen war zunächst eine Besichtigung des Römischen Hauses im Park an der Ilm sowie die Konsultation der Forschungen zur Entstehung des Baues und seiner künstlerischen Ausgestaltung. Bei der Sichtung des Bildmaterials verfestigte sich zunehmend der Eindruck, daß der Entwurf dieses besonderen Gebäudes und seine Innengestaltung keinesfalls nur rein dekorativ zu verstehen seien. Im Fortgang des Untersuchungsprozesses sollte sich vielmehr zeigen, daß die Ausstattung als ein dichtes System symbolischer Motive und Zeichen sich verstehen läßt, in dem Goethes Privatsinngebung mit dem masonischen Bezugsrahmen eine enge Verbindung eingeht. Daran anschließend war die Verbindung zur Dichtung zu suchen, deren Anknüpfungspunkte vielfältiger als gemeinhin angenommen in Goethes Werk sich finden. Dies erforderte einen weiten Ausgriff auf Biographie und Werk, beginnend im ersten Jahrzehnt nach Goethes Ankunft in Weimar (1776–1786) und einen Rekurs auf frühere Lebensabschnitte (Frankfurt) bis zur Italienreise. Die Reise selbst (1786–1788), sowie die Zeit nach der Rückkehr bis zu Goethes letzten Lebensjahren bleiben für Goethes maurerische Lebenswelt prägend.

Anders als in bisherigen Veröffentlichungen zum Geheimbundwesen in Weimar und Goethes Beitrag dazu – in neueren Arbeiten durchaus kontrovers diskutiert – wird hier die Auffassung vertreten, daß die ästhetische Auseinandersetzung Goethes mit der Freimaurerei um vieles umfassender ist als bislang angenommen. Dennoch hat das Thema in der Goethe-Rezeption bisher keine seiner Bedeutung entsprechende Beachtung erfahren. Dabei hat eine Reihe von älterer, vornehmlich masonischer Literatur wiederholt auf einschlägige Themen in Goethes Werk verwiesen, auf ihren Niederschlag im *Wilhelm Meister*, im *Märchen* als Schluß der *Unterhaltungen deutscher Ausgewanderten,* in der Lyrik. Zu erweitern ist dies auch auf Goethes Bautätigkeit, die mit Eingriffen in die Parkgestaltung nach seiner Berufung nach Weimar begannen. Die daran anknüpfende Frage, warum all dieses in der Goetheforschung und der Erforschung Weimars zur Regierungszeit Carl Augusts bislang nicht bekannt geworden, hängt sicher auch mit der geforderten Interdisziplinarität zusammen. Bedeutsamer aber erscheint, daß Goethes und Carl Augusts Hinweise auf ihre Maurerei neben erkennbar kanonischen Freimaurersymbolen eine Anzahl privater

Elemente enthalten, die Zeugnis eines besonderen Freundschaftsbundes und Beweis eines lebenslangen, beiderseitigen Festhaltens daran sind. Dies ist der hier zu verfolgende Faden, woraus sich eine geradezu verblüffende Stetigkeit in Goethes Lebenspraxis in immer weiteren Schaffensschichten nachweisen läßt. Der Schlüssel für das Verständnis liegt dabei im Symbolverständnis selbst. Denn wie sich Goethes Dichtung ohne Eindringen in ihre Symbolik im Kleinen wie im Großen verschließt, bleibt auch jede andere seiner künstlerischen Äußerungen ohne dies unverstanden.

Das Römische Haus, erbaut von 1791 bis 1797 und künstlerisch vollendet 1798, ist seit frühen Reiseberichten aus Weimar Gegenstand von bau- und kunstgeschichtlichen Betrachtungen. Sowohl das Gebäude mit seiner künstlerischen Ausgestaltung, als auch die Interieurs und die Einbettung in den Landschaftsgarten werden thematisiert. (Abb. 1) Seit den 1950er Jahren haben verschiedene Publikationen den tempelartigen Prostylos behandelt, hervorhebenswert etwa die Broschüre der Nationalen Forschungs- und Gedenkstätten Weimar von 1967[1] und das entsprechende Kapitel in der grundlegenden Arbeit *Der Klassizismus in der Baugeschichte Weimars* (1975).[2] Schon hier resümierten die Autoren A. Jericke und D. Dolgner, daß die Stellung des Römischen Hauses für die deutsche Architekturgeschichte weiter ins Bewußtsein gerückt zu werden verdiene, eine Würdigung von Goethes Wirken eingeschlossen.[3] Die Einbindung des Hauses in das Weltkulturerbe der Unesco (1998) und die Sanierung des Gebäudes 1997–1999 haben eine Aktualisierung und Bündelung des Forschungsstandes bewirkt, so daß die 2003 von A. Beyer herausgegebene Dokumentation zur Entstehung des Römischen Hauses, seinem baulichen Erstzustand, späteren Veränderungen und der Sanierungsgeschichte die Forschungslücken geschlossen zu haben schien. Unter den genannten Gesichtspunkten ist vieles an Material zusammengetragen und sind historische Referenzen benannt worden, doch haben Autoren in diesem Zusammenhang auch auf Verständnis-Defizite hingewiesen. So spricht etwa H. Ziegler von den bislang nicht freigelegten „verschiedenen Sinnschichten" des Römischen Hauses und bietet im Zusammenhang mit der Darstellung im Tympanon eine auf die Figur der Nemesis fokussierte Neuinterpretation an, deren Ausgangspunkt eine Vorzeichnung für die erste Giebelgestaltung von Johann

---

1    Alfred Jericke: Das Römische Haus. Hrsg. v. d. Nationalen Gedenk- und Forschungsstätten der klassischen deutschen Literatur in Weimar. Berlin u. Weimar 1967.
2    Ebd., S. 137–161.
3    Ebd., S. 162.

Heinrich Meyer bildet.[4] I. Boettcher bezeichnet in ihrem Beitrag zur künstlerischen Ausgestaltung die Darstellungen im unteren, Östlichen Durchgang als „Bilderrätsel"[5], ohne darauf weiter zurückzukommen.

Mit den anklingenden Zweifeln an der bisherigen Deutung und neuen Fragestellungen wird ein grundsätzliches Problem im wissenschaftlichen Umgang mit dem Bauwerk deutlich. Zwar haben die Interpreten das Römische Haus stets zu Goethes Italienreise in bezug gesetzt, es wurde aber nicht als Bestandteil seines Werks im engeren Sinne verstanden, sondern als eine Auftragsarbeit für den Fürsten. So wurde das Haus zwar aus kunst-, bau- und gartengeschichtlicher Perspektive eingehend betrachtet, doch eben innerhalb von Fachstudien, die den philologischen Bezug und die Interdisziplinarität meist vermissen lassen. Trotz der Ausgangslage, daß es sich um einen Auftrag Carl Augusts und ein Objekt handelt, das von fremder Hand ausgeführt wurde, verwundert es dennoch, daß ein weiterer Blick der Goetheforschung auf das Römische Haus zu fehlen scheint. Und dies, obwohl es Goethes einziges Vorhaben für einen Neubau war, der nicht von baulichen Gegebenheiten abhängig war, wie das Haus am Frauenplan oder das Gartenhaus.

An diesem Punkt wäre die Frage zu stellen, welche Ideen über das Sommerhaus zwischen Goethe und Carl August in der Anfangsphase ausgetauscht worden waren und aus der sich manche Briefpassage Goethes an den Herzog versteht. Dabei liegt die Folgerung nahe, daß die Zusage des Fürsten für Goethes Planungshoheit und Bauaufsicht entscheidender Impuls für eine Ausweitung der Bemühungen Goethes war. Dafür, daß Goethe dem Bauwerk noch einen weiteren Sinn einschreiben wollte, spricht die jahrelange Arbeit an dem komplexen Bildprogramm. Eine rein dekorative Ausgestaltung hätte kaum so viele Überlegungen Goethes erfordert, auch nicht die intensive Beschäftigung Meyers, der für Vorarbeiten sogar nach Italien reiste. Vor diesem Hintergrund ohne weitere Erklärung für das Ausstattungsprogramm auszukommen, wäre als zu geringer Ertrag im Verhältnis zu der eingehenden Auseinandersetzung des Dichters mit dem „Ding" (Carl August) zu bewerten, und auch, wenn Goethe allein ein „architektonisches Lehrgebäude"[6] habe schaffen wollen. Noch lange

---

4   Ziegler, Hendrik: Die Nemesis am Giebel des Römischen Hauses: kunstpolitisches Manifest der „Weimarer Klassik". In: Johann Heinrich Meyer. Kunst und Wissenschaft im Klassischen Weimar. Hrsg. v. Alexander Rosenbaum. Göttingen 2013; S. 17–44.

5   Ines Boettcher: Johann Heinrich Meyer und die künstlerische Ausgestaltung des Römischen Hauses. In: A. Beyer (Hrsg.): Das Römische Haus, S. 63–74; S. 71.

6   Andreas Beyer: Dorisch in Weimar – Zu Goethes architektonischem Lehrgebäude. In: Ders. (Hrsg.) Das Römische Haus in Weimar. München/Wien 2001, S. 11–24.

nach Beendigung der Bauarbeiten 1798 hat Goethe sich mit Gestaltungsdetails am Römischen Haus beschäftigt.

Unter diesen Voraussetzungen nimmt die folgende Studie Bezüge zwischen Bauwerk, Bild und Text in den Blick, um zu einem umfassenderen Verständnis dieses besonderen Gebäudes und seiner darin aufgehobenen Bedeutung zu gelangen. Hierbei sollen sowohl das Äußere, als auch die Innengestaltung der Betrachtung unterzogen werden, um dann in einem nächsten Schritt das symbolisch-ästhetische Umfeld des Römischen Hauses zu ermitteln. Ein weiteres Kapitel untersucht Referenzen in der Dichtung Goethes auf Basis der gewonnen Erkenntnisse. Angesichts der Materialfülle war es nötig im Verfolg des Themas und im Sinne der angestrebten Stringenz sich ergebende Seitenverweise, sei es literatur- oder kunstgeschichtlich, zurückzustellen, und auf Kompilationen des bau- und kunstgeschichtlichen Wissensstandes, wo inhaltlich nicht nötig, zu verzichten.

## 2. Das Römische Haus – Realisation eines masonischen Bauprogramms

### Zur Entstehung

Der Bauplan des Römischen Hauses bezieht Eindrücke aus der Italienreise mit ein, die im Baukörper zunächst ins Auge fallen. So wird das Römische Haus auch als Ertrag von Goethes Aneignung antiker Bauformen auf der Italienreise verstanden. Es gilt überdies als eines der ersten klassizistischen Gebäude in Deutschland. Hervorstechendes bauliches Merkmal ist die Verbindung von dorischen Säulen im unteren Durchgang mit einer massiven Sockelrustika und dem ionischen Säulenportikus. Eine architektonische Verbindung, die die klassische Säulenordnung aufnimmt und Goethes Erlebnis auf Sizilien und Paestum spiegelt, war doch die Erschütterung bei Ansicht der dorischen Tempelruinen ein Höhepunkt seiner Italienreise gewesen. Die Baulehre des Vitruv (*Vitruvii de architectura libri decem*) und die Vermittlung antiker Baukunst durch Andrea Palladio (*I quattro libri dell' architectura*, 1570), dessen Bauwerke Goethe beeindruckten, flossen in die Pläne des Römischen Hauses ebenso mit ein wie zahlreiche mythologische Referenzen, die gleichfalls im Zusammenhang mit dem Italienaufenthalt stehen. Schon dort war die Idee für den Bau eines von Carl August als Sommerhaus nutzbares Gebäude gegenwärtig, und so schrieb Goethe im Mai 1787 aus Neapel: „An Ihre Anlage habe ich oft gedacht ... Gartenhäuser und Brunnen bringe ich mit."[7] Auch weiteren Mitteilungen, etwa über die Bekanntschaft mit dem Architekten Johann August Arens, ist das Interesse an römischen Villen für eine künftige Verwertbarkeit zu entnehmen. Die intensive Beschäftigung Goethes mit der Architektur verschiedener Epochen und Erhaltungszustände war eingebettet in eine fortgesetzte theoretische Auseinandersetzung mit Baukunst und der Baustilkunde, wovon zunächst Briefe und Aufzeichnungen, später die *Italienische Reise* (1816) zeugen.

Die vorbereitenden Erdarbeiten für das Römische Haus begannen im Juli 1791 an einem von Goethe dafür ausgewählten Platz bei der Ilm, in Hanglage oberhalb der Stelle, an der er 1782 eine Inschriftplatte mit einem Quellnymphengedicht hatte anbringen lassen. Das zu den sogenannten Tabaksäckern gehörende Grundstück mußte zu diesem Zweck angekauft werden, wodurch der Landschaftsgarten eine Erweiterung nach Westen erfuhr. Die Wahl des Bauplatzes erschließt

---

7   Goethe an Carl August, 27. Mai 1787. Zit. nach: Andreas Beyer (Hrsg.): Das Römische Haus in Weimar, S. 38.

eine Stelle aus der *Italienischen Reise*, die zur Zeichnung *Ideallandschaft mit Tempel und Hain* gehört und worin die Anlage in Weimar erkennbar ist (Perugia, 25. Oktober 1886).[8]

Den Beginn der Bauarbeiten beschreibt J. Büchsenschuß im Anschluß an A. Jericke/D. Dolgner, wobei mehrere Umstände auffallen.[9] So begann etwa unter Goethes Leitung der Erdaushub für das Römische Haus, obwohl der Architekt zu diesem Zeitpunkt noch nicht in Weimar eingetroffen war, und ohne daß überhaupt Baupläne von ihm vorlagen – diese schickte Ahrens erst im Frühjahr 1792 mit einer Sendung der Schloßbaupläne mit. Diese Abfolge und daß Goethe schon im Herbst 1791 Baumaterialien in den Park schaffen ließ,[10] belegen, daß die Grundrisse des Römischen Hauses nicht auf Arens, sondern vielmehr auf Goethe selbst zurückgehen müssen, er somit der eigentliche Architekt des Bauwerks ist und Arens lediglich nach dessen Vorstellungen die Bauzeichnungen ausführte. Der Grundstein zum Römischen Haus wurde am 28. März 1792 gelegt.[11] Weitere Arbeiten kamen nach diesem ersten Bauabschnitt nicht voran, so daß Carl August in einem Brief vom Dezember 1792 die Wichtigkeit des Vorhabens betonte und Goethe darin absolute Freiheit, auch in Sachen der Finanzierung, zusprach.[12] Ab 1794 wurde der Dresdener Hofbaukonducteur Christian

8 „Seitdem ich Vitruv und Palladio gelesen habe wie man Städte bauen und Tempel pp stellen müßte hab ich einen großen Respekt für diesen Dingen. So natürlich und so groß im natürlichen [...] der Baumeister richtete den Tempel so daß er von der Straße aus sichtbar wurde, nicht ganz gerade sondern von der Seite. Ich will (wills Gott) einen kleinen Riß machen daß es deutlich werde. Am Tempel (der Fassade versteht sich) hab ich die größte Freude gehabt meine Ideen und Grundsätze bestärkt zu sehen. [...] 5 Treppen gehen zwischen den Säulen hinauf. *Fünf* weil die alten die Stufen ungleich machten." (MA, Bd. 15, Italienische Reise, S. 134).

9 Jan Büchsenschuß: Goethe und die Architekturtheorie. Hamburg 2010 (zugl. Diss. Techn. Univ. Berlin, 2009) und Rainer Ewald: Goethes Architektur: des Poeten Theorie und Praxis. Weimar 1999.

10 Alfred Jericke u. Dieter Dolgner: Der Klassizismus in der Baugeschichte Weimars, S. 140 f. und Jan Büchsenschuß: Goethe und die Architekturtheorie. Hamburg 2010, S. 83.

11 In dem beigefügten Schreiben zur Grundsteinlegung wird der Bezug zur antiken Baukunst betont: „an diesem Orte, nach dem soliden Geschmack der Baukunst der Alten aufzuführen". Zit. nach: A. Beyer (Hrsg.): Das Römische Haus in Weimar, S. 8.

12 „Den Bau des Gartenhauses übergebe ich dir gantz. Da ich wünschte, bey meiner Rückkunft einen Ruhe Platz fertig zu finden, so erzeige mir den Gefallen zu besorgen, daß endlich einmahl der Plan des Dinges zu Stande komme und schnell außgeführt werde. Ich muß, um die Landschafts Caßen zu schonen, alle neue Baue übers Jahr einstellen, diesen Ruheort möchte ich aber nicht darin begreifen. [...] Nimm Dich der

Friedrich Schuricht (1753–1832, Freimaurer, Mitglied der vereinigten Dresdener Loge *Zu den drei Schwertern* und *Zu den Wahren Freunden*) für die Fortsetzung des Baues verpflichtet.[13] Das Richtfest fand am 3. September 1794 statt. Die Entwürfe für das Tympanon und die Gestaltung des Östlichen Durchgangs, die Kopie des schwebenden Genius nach Annibale Carracci (aus der Gemäldegalerie Dresden) für das Vestibül stammen von Johann Heinrich Meyer. Der langwierige Bau- und Fertigstellungsprozess setzte sich auch nach Bezug des Hauses im Juli 1797 mit weiteren Arbeiten fort, doch erst mit Meyers Übertragung von Apollos Tanz mit den Musen nach Baldassarre Peruzzi aus dem Palazzo Pitti in Florenz auf die östliche Rückwand des Römischen Hauses erklärte Goethe den Bau nach sieben Jahren, im Oktober 1798, für beendet.

*Abb. 1: Das Römische Haus im Park an der Ilm (Südwest-Ansicht)*

---

Sache ernstlich an, Bertuch kann nach wie vor das Detail dabei besorgen, ich werde Schmidten anweisen, daß nichts zum Baue dieses Hauses fehle. Decke es, womit und wie du willst, und tue, als wenn du für dich bautest; unsere Bedürfnisse waren einander immer ähnlich." (Carl August an Goethe, 27. Dezember 1792. Zit. nach: Andreas Beyer (Hrsg.): Das Römische Haus in Weimar, S. 8).

13 Alfred Jericke u. Dieter Dolgner: Der Klassizismus in der Baugeschichte Weimars. Weimar 1975, S. 143.

## Portikus und Tympanon – Der Nemesis- und der Genius-Fries

Betrachten wir die Besonderheiten der von Goethe gesteuerten Ausführung des Römischen Hauses und die Programmatik des ihr unterlegten Sinnes.

Der Eingang des Römischen Hauses ist als viergliedrige ionische Säulenvorhalle gestaltet (Abb. 2), die neben dem Haupteingang rechts- und linksseitig zwei Felder mit Blüten- und Granatapfelfestons als Schmuck aufweist. Diese befinden sich unterhalb zweier Rundelemente und laufen beidseitig quastenförmig aus. Sowohl das Gestaltungselement der Quaste als auch die Granatäpfel gehören in den Zusammenhang masonischer Symbolik. Mit gereihten Granatäpfeln waren die beiden Säulen am ersten Tempel versehen (Hiram-Legende). Die kassettierte Eichentür mit Akanthusverzierung und zwei schlichten Handknäufen wird dominiert von einem Türklopfer aus Bronze, der eine in sich gewundene Schlange im Löwenkopfmaul darstellt – zur Symbolik der Schlange weiter unten. Das beherrschende Motiv der Westfassade ist die Halbreliefarbeit im Tympanon, die zur Einweihung des Gebäudes eine Nemesis darstellte, aus Ziegelmehl geformt von Martin Gottlieb Klauer, nach Vorzeichnungen von Johann Heinrich Meyer. Nemesis, gemeinhin als Göttin der Rache, aber auch des Maßes und des gerechten Ausgleichs verstanden, war den Griechen eine ambivalente Göttin. Die erste Version der Giebelgestaltung wurde später gegen eine von Johann Peter Kaufmann ausgearbeitete Darstellung eines Genius' ausgetauscht.

Die Programmatik der Nemesis-Version hat H. Ziegler als „kunstpolitisches Manifest" interpretiert, als Stellungnahme im Zusammenhang mit dem Vormachtstreben Frankreichs in Europa in der Zeit nach der Französischen Revolution.[14] Es ist unbestritten, welch großen Raum das Ereignis der Revolution, deren Folgeerscheinungen und der französische Expansionismus bei den Zeitgenossen, Carl August im Felde und Goethe in zeitdiagnostischer und künstlerischer Auseinandersetzung, eingenommen hat. Im Zusammenhang mit der Deutung der Nemesis im Giebelfeld des Römischen Hauses ist jedoch ein Blick auf die tatsächliche historische Gegenwart zum Zeitpunkt der Errichtung hilfreich. Bei Einzug Carl Augusts 1797 waren zwar die linksrheinischen Gebiete französisch besetzt, doch die Ausweitung rechts des Rheins begann erst deutlich später. Auch ist zu berücksichtigen, daß durch die territoriale Aufsplitterung mehrere Länder zwischen dem besetzten Rheinland und dem Herzogtum

---

14  Hendrik Ziegler: Die Nemesis am Giebel des Römischen Hauses: kunstpolitisches Manifest der „Weimarer Klassik". In: Johann Heinrich Meyer. Kunst und Wissenschaft im Klassischen Weimar. Hrsg. v. Alexander Rosenbaum. Göttingen 2013, S. 17–44; S. 17.

Sachsen-Weimar lagen. Im Kontext der dortigen Bauaktivitäten stellt sich die Frage, inwiefern man bei der Gestaltung des Giebelfeldes am Lusthaus des Fürsten in seinem Landschaftsgarten an einen Einfall französischer Soldaten in Weimar dachte, davon ausgehend, daß der über mythologische Bildungsinhalte vermittelte Wink überhaupt als solcher verstanden würde.

Die Entwurfszeichnung[15] zum ersten Giebel-Relief zeigt mittig eine bekrönte Frauengestalt mit wehendem Gewand, in einem von zwei Greifen gezogenen Wagen stehend. Der Kopf ist mit gesenktem Kinn nach links im Halbprofil dargestellt. In der nach unten weisenden rechten Hand hält die Göttin einen Öl- oder Eschenzweig, während sie mit der linken das Gewand an der Schulter zu richten scheint, dabei die linksseitige Elle entblößend. Außer dem Diadem weist sie keine weiteren Attribute auf. Zu Ihrer Linken versuchen zwei Amoretten ein Siegeszeichen aufzurichten, das am oberen Feldrand anstößt, am Boden liegt Kriegsgeschirr, während rechtseitig zwei Putti ein Füllhorn mit Früchten hochstemmen, ein dritter rücklings daneben lagert.

Nun bezog Goethe einen großen Teil seiner mythologischen Kenntnisse aus dem wichtigsten zeitgenössischen Kompendium, *Benjamin Hederichs gründliches mythologisches Lexikon* (1770)[16]. Es ist erstaunlich, daß Hederich bisher keine Aufmerksamkeit zur weiteren Interpretation von Goethes Programm erfahren hat, denn im Vergleich lassen sich verblüffende Motiv- und Bildüberschneidungen zwischen den Einträgen und der künstlerischen Ausstattung des Hauses feststellen. Unter dem Abschnitt über ‚Bildung der Nemesis‘ nimmt der Lexikograph auch Bezug auf Johann Joachim Winckelmanns Beschreibungen.[17] Im Vergleich von Text und Bild wird deutlich, daß sich Meyer in der

---

15 Hendrik Ziegler: Die Nemesis am Giebel des Römischen Hauses: kunstpolitisches Manifest der „Weimarer Klassik". In: Johann Heinrich Meyer. Kunst und Wissenschaft im Klassischen Weimar. Hrsg. v. Alexander Rosenbaum. Göttingen 2013; beigelegtes Faksimile.

16 Benjamin Hederich: Gründliches mythologisches Lexicon. Leipzig: Gleditsch, 1770 [Nachdruck Darmstadt: Wissenschaftliche Buchgesellschaft, 1996].

17 „Sie wurde als ein ansehnliches Frauenzimmer gebildet, welches auf dem Haupte eine Krone hatte, auf welcher einige Hirsche und das Bild der Victoria stunden, in der einen Hand aber einen Ast von einem Eschenbaume, und in der andern eine Schaale hielt. Pausan. Att. c. 33. p. 62. Und auf diese Art, jedoch mit einem Zweige von einem Apfelbaume in der Hand, bildete sie Phidias aus dem obgedachten Stücke Marmor. Hesych. in Ῥαμνουσία, p. 811. [...] Sonst hatte sie auch in der einen Hand einen Zaum, und in der andern das Maaß eines Cubitus, oder einer Elle. Poeta Gr. ap. Vulcan. ad Callim. Hymn in Cerert v. 57. & Suid in Ὑπὸ πῆχυν, T. III. p. 558. & ad eum Kuster. l. c. [...] Jedoch soll solche kein wirkliches Maaß seyn dürfen. Winkelm. Mon. ant. p. 30. P. I.

Ausführung seiner Nemesis an die zusammengestellten Merkmale hält. So tritt in diesem Bezugsrahmen die Bedeutung der Nemesis in ihrer Machtausübung zurück, während der von Winckelmann dargelegte Zusammenhang zwischen dem ‚Maß‘ der Göttin – dem cubitus, beziehungsweise der Elle, die ausdrücklich „kein wirkliches Maaß“ sein darf und in der Arm-Darstellung entsprechenden Ausdruck findet, an Bedeutung gewinnt. Im Zentrum des Frontons steht die Nemesis in dieser markanten Haltung ihren Ellenbogen vorweisend, jener vielfach veränderten alten Maßeinheit, in der ursprünglichen Längenvorstellung eines Unterarms. Symbole des Handwerks und Maßwerkzeug sind im Symbolverständnis der Freimaurerei von zentraler Bedeutung, kommen doch ihre Gründungslegenden aus dem Leitmotiv des Baugedankens, den Legenden um Hiram und den Bau des Ersten Salomonischen Tempels, der Tradierung aus den mittelalterlichen Steinmetzhütten und, auf symbolischer Ebene, aus der Idee des fortdauernden Baues am Tempel der Humanität.

1819 wurde das Relief gegen die Darstellung eines geflügelten Genius ausgetauscht. Auf einem monumentalen Gemälde hatte ein emporschwebender *Genius des Ruhms* mit Lorbeer und Krone den Besucher schon zuvor im Vestibül empfangen. Es handelte sich dabei um jene Arbeit, die Meyer 1796 für diesen Zweck in der Dresdener Gemäldegalerie nach Carracci kopiert und variiert hatte und 1805 durch einen gleichformatigen Spiegel in Goldrahmung ersetzt wurde.[18] Über die Suche nach einem für den Platz geeigneten Motiv aus dem Bestand der Gemäldesammlung finden sich einige Stellen im Briefwechsel zwischen Meyer und Goethe. Zur Fertigstellung schrieb Goethe: „Nun seyn Sie mir bald herzlich willkommen […] Senden Sie den Genius […] mit vieler Freude werde ich ihn in

---

Auf den römischen Münzen sieht man sie oft mit einem Diadem auf dem Haupte. Voss. Theol. gent. l. IX. c. 36. Anstatt dessen hat sie auf einer cizicenischen des K. Macrin eine Mauerkrone, wie die veres, auf dem Haupte. Buonar. Osserv. sop. alc. Med. p. 219. Mit dergleichen hat man sie auch auf einer Bildsäule versehen, welches sie vorstellen soll, und sonst kein weiteres Kennzeichen von ihr hat, als daß sie in dem rechten Arme einen Zweig trägt, und mit der linken Hand einen Theil ihres Kleides über die Brust nach dem Kopfe zu aufhebt. Winkelm. l. c. mon. 25. […] Doch meynet man daselbst, als wenn sie dadurch ihren Busen öffnen wolle; da sie doch ihr Gesicht vielmehr damit bedecken zu wollen scheint; welches die verborgene Macht der Gerechtigkeit anzeigen und zugleich sinnbildlich andeuten solle, daß sie ein Kind der Nacht sey. Die besondere Haltung des Armes soll auch eben das Maaß ausmachen, welches man πυγών, πῆχυς, cubitus, Elle nennet, sie aber nicht wirklich führet. Winkelm l. c. p. 30 […]“ HED Artikel [Nemesis].

18 Ulrike Müller-Harang: Die Inneneinrichtung. In: A. Beyer (Hrsg.): Das Römische Haus, S. 82–95; S. 86.

unserm Hause empfangen und bewirthen, biß er in seinen Tempel eintritt."[19] Es ist hervorzuheben, daß Goethe hier in bezug auf das Römische Haus von einem Tempel spricht.

Später erhielt Meyers Genius einen prominenten Platz im Deckenauge des Rokokosaals der Herzoglichen Bibliothek. Damit steht in Zusammenhang, daß die Giebelgestaltung am Römischen Haus neu überdacht wurde, aber nicht unter Rückgriff auf die Idee eines schlichten Medaillons, wie es in Arens' Aufriß eingezeichnet ist[20]: diese Darstellung zeigte eine männliche Gestalt in griechischer Gewandung, die über ein Buch gebeugt ist.[21] Stattdessen wurde erneut eine flächenfüllende Darstellung mit mythologischen Referenzen ausgeführt, die mittig einen geflügelten Genius zeigt. Der schmalgliedrige Jüngling mit lockiger Haartracht und einem Schulterriemen auf dem nackten Oberkörper, den Unterleib nur durch ein Lendentuch bedeckt, breitet in leichter Winkelstellung die Arme aus, beidseitig einen Lorbeerkranz waagerecht haltend. Anmutig ist sein linkes Bein in Spielstellung nach vorne gesetzt. Unter seiner Linken greift ein Putto nach einem großen Korb mit Früchten und Gemüse, wobei die rechte Faust etwas zu verbergen scheint. Eine wohlgestaltete Frauenfigur stützt sich halbaufgerichtet auf die Gartenkiepe, im Vollprofil nach rechts blickend. Durch die Attribute Ährenkranz und Garbenbündel ist die Frauenfigur als Demeter oder Ceres erkennbar. Bekleidet ist die Göttin mit einem über Unterleib und Beine drapierten Tuch, ihr zu Füßen steht ein Pflug mit Spaten als Sinnbild für den Ackerbau, den sie nach Glauben der Griechen die Menschen lehrte.[22] Demeter wurde insbesondere in Eleusis bei Athen mit einem Geheimkult verehrt, dessen Höhepunkt die *Eleusinia majora*, die Eleusinischen Mysterien waren, bei denen Aufnahmesuchende in den Kultus eingeweiht wurden. So läßt die Darstellung einer Demeter jene frühen Mysterienkulte assoziieren, worin Vergehen und Werden im Zentrum stehen, und so mit den ägyptizistischen Elementen im Inneren des Hauses eine Verbindung eingehen. An dieser Stelle sei bereits vorausgeschickt, daß die Demeter eine besondere Stellung im Gesamtzusammenhang des Weimarer Symbolprogramms einnimmt, etwa in Bezug auf das Tempelherrenhaus und im Zusammenhang mit Goethes wie Schillers Dichtung und daher besondere Aufmerksamkeit verdient.

---

19  Goethe an Johann Heinrich Meyer, 22.09.1794.
20  Kai Fischer: Johann August Arens. In: A. Beyer (Hrsg.): Das Römische Haus, S. 40–47; S. 42.
21  Alfred Jericke u. Dieter Dolgner: Der Klassizismus in der Baugeschichte Weimars, S. 157.
22  HED Artikel [Minerva].

19

Unter dem Kranz in der rechten Hand des Genius ist ein ähnlich gebildeter Putto dargestellt, nur daß dieser einen Zirkel in der Hand hält, vertieft in eine Vermessung auf dem beigestellten Globus im Bereich der nördlichen Hemisphäre. Das Meßgerät weist an der mit einem Äquatorialband versehenen Weltkugel senkrecht nach unten. Unter der Kugel liegt eine Schriftrolle. An das Piedestal der Weltkugel gelehnt, nach rechts in die Ferne schauend, lagert eine zweite Frauenfigur, die Minerva darstellt, mit Helm, Ölzweig und Schriftrolle. In der linken Ecke des Giebelfeldes liegen Leier und eine tragische Maske, eine Palette mit Pinselbündel und eine Männerbüste im Profil, daran gelehnt ein Steinmetzhammer. Wieder gewährt das *Gründliche Mythologische Lexicon* Aufschluß über die Bildung der Figur als Göttin der Artes liberales wie der Kriegskunst.[23] Hier heißt es, daß sie „als eine ansehnliche und schöne Jungfrau vorgestellet […] die aber doch etwas grausam und kriegerisch"[24] aussehe und zumeist mit einem Kriegshelm dargestellt worden sei, bewehrt mit Speer und ihrer Ägis, dem Schild mit dem Haupt der Medusa. Nun findet sich in der Darstellung des Giebelreliefs zwar weder dies, noch die oft mit der Göttin verbundene Eule als Zeichen ihrer Klugheit. Der Kopf auf dem Brustkragen läßt sich nicht klar einordnen, so daß vor allem der dargestellte Helm zu einer Minervendarstellung paßt. Zu dem selteneren Motiv einer sitzenden Minerva heißt es, „Dergleichen findet man noch jetzt eine zu Rom, die nur an dem Schilde mit dem Medusenkopfe kenntlich ist […] Statt des Helmes trägt sie einen runden Hut oder eine Pickelhaube, Galerus, und ist ohne Brustharnisch sonst mit einem langen Matronenkleide angethan"[25] Die Beschreibung des Gewandes in Verbindung mit dem entblößtem Arm und der erhobenen Hand mit einem Stab – hier ein Ölzweig mit Früchten – kommt der Beschreibung nahe. Die hinter dem Rücken verborgene Schriftrolle ragt nur teils hervor, gehalten von der linken Hand, deren eigentümliche Fingerstellung auffällt: bei verdecktem Daumen nehmen die nach unten weisenden Zeige- und Mittelfinger die Zirkelstellung auf. Der Zirkel ist neben Winkelmaß und

---

23  „Sie war die Göttinn der Weisheit, der Wissenschaften und Klugheit. Albric. de Imag. Deor. c. 8. Cf. Voss. Theol. gent. l. IX. c. 24. & l. VIII. c. 12. […] Nicht weniger war sie die Göttinn gesammter freyen Künste, Ovid. Fast. l. III. v. 816.[…] der Baukunst, Id. ib. v. 825. […] der Unterweisung, Id. ib. v. 829. der Bildhauerkunst, Id. ib. v. 831. der Poesie; Id. ib. v. 833. und tausend anderer dergleichen Künste, mehr. Id. ib.[…] III. v. 816. die Pflanzung der Oelbäume und Zubereitung des Oels aus derselben Frucht. […] Erfindungen. Dahin rechnet man das Kriegführen" Cic. de N.D. l. III. c. 21. p. 1198. HED Artikel [Minerva].
24  HED Artikel [Minerva].
25  HED Artikel [Minerva].

Buch eines der drei Großen Lichter der freimaurerischen Symbolik und spielt im Ritual der Maurerweihe eine bedeutende Rolle, „während das Winkelmaß mehr nach Vernunft und Gesetz regiert, ordnet der Zirkel, das Symbol der allumfassenden Menschenliebe, die seelische Einstellung zur Brüderschaft und zur Menschheit".[26]

Minerva ist im Zusammenhang mit dem Geheimbundwesen des 18. Jahrhunderts mit dem Illuminatenorden verbunden, über dessen Gründung, Entwicklung und Niedergang an anderer Stelle eingesehen werden möge.[27] Festzuhalten ist, daß sowohl Goethe (‚Abaris‘) als auch Carl August (‚Aeschylus‘) Illuminaten waren,[28] angeworben von Johann Joachim Christoph Bode, der seinerseits durch den Freiherrn von Knigge in den Orden aufgenommen worden war. Bode war es auch gewesen, der 1780 die Aufnahme Goethes in die Loge „Amalia" leitete.[29] Die Illuminaten verfolgten die Idee der Gründung von sogenannten Minervalkirchen im Sinne einer „Geheimen Weisheitsschule", „in der die besten jungen Akademiker unbehindert von den traditionellen Fesseln alles das lernen sollten, was die Priester von den Lehrstühlen verbannt hatten."[30] „Minerval", Schüler der Minerva, wurde ein Novize durch rituelle Einweihung, aus der darüber stehenden Klasse des Minerval illuminatus wurden die Leiter der Minerval-Versammlungen gewählt. Ferdinand von Braunschweig, Herzog Ernst II. von Sachsen-Gotha-Altenburg und Herder waren Illuminaten, auch Schiller soll zeitweilig dazu gehört haben. Mit der Einstellung der Ordenstätigkeit um 1785 schloß die Weimarer Minervalkirche als letzte aller Illuminaten-Logen ihre Pforten.[31] Auf den als wichtige Bildquellen fungierenden Freimaurerdiplomen nimmt die Darstellung der Minerva eine herausragende Rolle ein, wo sie in Verbindung mit den Drei Säulen der

---

26  LP [Artikel] Zirkel.
27  Standardwerke sind hierzu: René Le Forestier: Les illuminés de Bavière et la Franc-Maconnerie allemande. Paris 1914, Nachdr. Genf 1974; Richard van Dülmen: Der Geheimbund der Illuminaten. Darstellung, Analyse, Dokumentation. Stuttgart 1975; Eberhard Weis: Der Illuminatenorden (1776–1786). München 1987 (Bayerische Akademie der Wissenschaften. Phil.-hist. Klasse 1987, H. 4); eine Übersicht gibt LP [Artikel] Illuminaten.
28  Hermann Schüttler: Die Mitglieder des Illuminatenordens 1776–1787/93. München 1991. In erweiterter, noch zu ergänzender Fassung digital „The Gotha Illuminati Research Base" der Universität Erfurt.
29  LP [Artikel] Bode, Johann Joachim Christoph.
30  LP [Artikel] Illuminaten.
31  Ebd.

Freimaurerei – Weisheit, Schönheit und Stärke – sowohl Weisheit als auch Stärke repräsentieren kann.[32]

Die Bedeutung der beiden Relieffassungen am Westgiebel erschließt sich aus mehreren Bezugspunkten, die bei früheren Interpretationen nicht erkannt worden sind.[33] Während das Nemesis-Relief mit der Elle als Maßeinheit dezent auf die Baukunst mittelalterlicher Steinmetzhütten verweist und in der Erstausstattung das im Vestibül plazierte Gemälde mit der Darstellung des Genius dem Eintretenden Hinweis auf die masonische Bedeutung des Gebäudes sein konnte, wurde das Giebelfeld ab 1819 mit deutlicheren Verweisen versehen. Und damit zu einer Zeit, als die Freimaurerei nach dem Systemstreit der 1780er Jahre und den Logenschließungen an vielerorts schon wieder aufgenommen worden war. So auch in Weimar ab 1808, nachdem Goethe sich mit Nachdruck für die Neueröffnung der Loge eingesetzt hatte.[34] Die Darstellung des geflügelten Genius wurde in der zweiten Giebelgestaltung nun nach Außen gebracht, jetzt nicht mehr himmelwärts schwebend, sondern stehend, seine Hände über die Szene mit den zwei Putti haltend, als Beschützer im Sinne eines Genius loci.

Derjenige Bildausschnitt, der die Freimaurerei im Giebelprogramm aufs höchste symbolisch und dabei vollkommen offen darstellt, ist die Szene mit dem weltvermessenden Putto, ist der Zirkel auf der Weltkugel unter dem Lorbeerkranz. Welt- und Himmelskugeln finden sich im freimaurerischen Bildprogramm häufig, symbolisieren sie doch die Idee einer universellen Freimaurerei. Gleichzeitig gehört die Kugel aber auch in das freimaurerisch bedeutende Symbolfeld der Geometrie.[35] Die von Friedrich II. von Preußen beförderte Loge nannte sich *Aux trois globes* (*Zu den drei Weltkugeln*), woraus die preußische Mutterloge entstand.[36] Das Motiv ist masonischen Charakters sui generis. Und man fragt sich spätestens an dieser Stelle, warum der zuerst von A. von Buttlar vorgestellte Ansatz, die Architekturen im Ilmpark in den Kontext von Freimaurergärten zu stellen, nicht

---

32 Ursula Terner: Freimaurerische Bildwelten. Die Ikonographie der freimaurerischen Symbolik anhand von englischen, schottischen und französischen Freimaurerdiplomen. Petersberg 2001 (zugl. Diss. Univ. Mainz 2000), S. 47 (4.2.2 Minerva als Einzeldarstellung und in Verbindung mit anderen Personifikationen).

33 Alfred Jericke u. Dieter Dolgner: Der Klassizismus in der Baugeschichte Weimars, S. 148: „Die Arbeit Kauffmanns […] zeigt in der Mitte einen geflügelten Genius und rechts und links davon allegorische Darstellungen zu Kunst und Wissenschaft sowie zu Acker- und Gartenbau."

34 LP [Artikel] Goethe.

35 Ursula Terner: Freimaurerische Bildwelten, S. 100 (4.12.3: Globus/Kugel).

36 LP [Artikel] Hohenzollern, 1. Friedrich der Große.

weiterverfolgt wurde. S. Müller-Wolff stellt unter Bezugnahme auf v. Buttlars Vorarbeit einen masonischen Sinn des Landschaftsgartens an der Ilm ohne weitere Erörterung in Abrede[37], M. Niedermeier, der den Freimaurergarten des Herzogs von Gotha untersucht hat,[38] verfährt vorsichtiger und verweist zu recht auf die unsichere Quellenlage, die nicht nur den Weimarer Park betrifft: „Ein ähnlicher Befund, daß eine sichere Zuschreibung wegen der Quellenlage schwerfällt, läßt sich auch anhand entsprechender Interpretationen zu den Gärten von Machern, Weimar und Wilhelmsbad feststellen."[39]

*Abb. 2: Römisches Haus, Westfassade*

37  Susanne Müller-Wolff: Ein Landschaftsgarten im Ilmtal. Die Geschichte des herzoglichen Parks in Weimar. Köln/Weimar/Wien 2007.

38  Michael Niedermeier: „Vorhöfe, Tempel und Heiligstes". Der Herzoglich Englische Garten. Entstehung und Bedeutung. In: Greiling, Werner/Klinger, Andreas/Köhler, Christian (Hrsg.): Ernst II. Von Sachsen-Gotha-Altenburg. Ein Herrscher im Zeitalter der Aufklärung. Köln, 2005; S. 185–200. Und: „Die ganze Erde wird zu einem Garten". Gedächtniskonstruktionen im frühen deutschen Landschaftsgarten zwischen Aufklärung und Geheimnis. In: Weimar – Archäologie eines Ortes. Georg Bolenbeck, Jochen Golz et al. Weimar 2001; S. 120–175.

39  Michael Niedermeier: Der Herzogliche Englische Garten in Gotha und das Geheimbundwesen. In: Helmut Reinalter (Hrsg.): Freimaurerische Kunst – Kunst der Freimaurer. Innsbruck 2005. o.S.

## Das Vestibül

Bei Eintritt in den Eingangsbereich des Römischen Hauses empfängt den Besucher eine Querhalle, deren Ausstattung mit Buntmarmor- und Stukkaturarbeiten der Dresdener Architekt Christian Friedrich Schuricht besorgte. Seine Arbeit „schloß glücklich, bruchlos, der Vorleistung von Arens an.", „Und es besteht – worüber man in Goethes Äußerungen nachlesen kann – kaum ein Zweifel darüber, daß durch die Gespräche Schurichts in diesen Wochen mit Goethe auch diesmal wieder dessen Absichten und Ideen künstlerischen Niederschlag fanden".[40] Schuricht führte Zeichnungen von „4 Zimmern, so wie der dazu nöthigen Meubles" aus, wie ein Brief Goethes an den Geheimen Rat Carl Gottlieb Voigt vom 7. August 1798 bezeugt.[41] Daß das Vestibül ursprünglich als Speisesaal fungierte, belegen die zahlreichen Anschaffungen, vieles davon wurde eigens für das Ameublement des Hauses angefertigt.[42]

Der Raumeindruck des Vestibüls wird von der kassettierten Gewölbedecke mit Blütenreliefs dominiert. Damit korrespondiert das viereckige Basrelief gegenüber der Eingangstür, das zunächst über Meyers *Genius des Ruhms* angebracht war. Es zeigt Schwert und Dolch sowie zweierlei Ackergerät mit Lorbeer und Blüten bekränzt, gehalten durch ein gewundenes Band. Diese Attribute sind auf Carl Augusts Naturverbundenheit und Auszeichnung im Felde bezogen worden (Jericke, 1967). In Zusammenschau mit dem zweiten Tympanonprogramm ergeben sich jedoch vor allem Verbindungen zu den Attributen der Demeter (Ackerbau) und der Minerva (Kriegskunst), so daß hierin das zweite Giebelprogramm in nuce enthalten war und in der zweiten Stufe nach Außen gebracht wurde.

Als klassizistisches Schmuckelement werden die vier Supraportenreliefs mit je zwei Sphingen und einer Deckelurne eingeordnet.[43] (Abb. 3 und 4) Weshalb aber die achtmal ausgeführten Sphinx-Darstellungen eine derartige Präsenz im Römischen Haus als beherrschendes Motiv der Eingangshalle haben sollen, findet in diesem Rahmen keine schlüssige Erklärung. Im Kontext freimaurerischer

40  Alfred Jericke: Das Römische Haus. Hrsg. v. d. Nationalen Gedenk- und Forschungsstätten der klassischen deutschen Literatur in Weimar, S. 13.

41  Zit. nach: Alfred Jericke u. Dieter Dolgner: Der Klassizismus in der Baugeschichte Weimars, S. 156 (Anm. 208).

42  Ulrike Müller-Harang: Die Inneneinrichtung. In: A. Beyer (Hrsg.): Das Römische Haus, S. 82–95; S. 82 f.

43  Alfred Jericke: Das Römische Haus. Hrsg. v. d. Nationalen Gedenk- und Forschungsstätten der klassischen deutschen Literatur in Weimar, S. 15.

Bild- und Symbolwelt des 18. Jahrhunderts sind Ägyptizismen mit den Mysterien und altem Geheimwissen verbunden, die Sphinx verkörpert als enigmatisches Wesen das Geheimnis schlechthin und steht zugleich für Verschwiegenheit. Literarisches Vorbild für den Ägypten-Klassizismus war der Roman *Sethos, histoire ou vie tirée des monuments anecdotes de l'ancienne Ègypte, traduite d'un manscript Grec* (1731) des Abbé Jean Terrasson, Vorbild für das Libretto von Mozarts *Zauberflöte* (UA Wien, 30. September 1791). Hieraus wurde das Motiv eines Geheimbundes unter einer Pyramide entnommen, denn im Sethos-Roman steigt der Neophyt unter der Sphinx in die unterirdischen Anlagen der Pyramide hinab, um dort die Elemente-Proben zu empfangen. Eine weitere intertextuelle Verbindung ergibt sich zu Athanasius Kirchers Unterweltbeschreibung *Mundus Subterraneus* (1665).

Der ägyptische Typus des Sphinx bildete sich durch die weit zurückreichende Metapher des Königs als Löwen, bei der das Haupt des Löwen durch das des Königs ersetzt wurde. Zunächst königliche Macht verkörpernd, sank die Sphinx später zum Grab- und Tempelwächter herab. Die griechische Sphinx, gegen Ende des 8. Jhs. v. Chr. von den Ägyptern übernommen, stand für menschlichen Geist und Klugheit, gepaart mit der Kraft eines mächtigen Tieres.[44] In der Bedeutung eines todbringenden Fabelwesens kennt die Mythologie die rätselstellende Sphinx. Schon in der Bauplastik der Romanik vorkommend und im Barock wiederkehrend, verschmolz der Ägyptizismus des 18. Jahrhunderts den ägyptischen Sphinx-Typus mit dem griechischen zu einer bildlich-symbolischen Synthese. Die Freimaurerei griff die Sphinx neben anderen ägyptischen Symbolen, wie Pyramide und Obelisk, als mehrdeutiges Motiv auf: „Nach dem *Wiener Freymaurer Journal* von 1784 soll die Sphinx Stärke und Weisheit ausdrücken, außerdem aber symbolisch andeuten, ‚daß der Freimaurer Geheimnisse unter heiliger Verhüllung sollen bewahret werden, damit selbige so wenig wie die Rätsel der Sphinx zu der Wissenschaft des gemeinen Mannes gelangen möchten.'"[45]

Schon Jahre vor dem Bau des Römischen Hauses, 1786, war an der Läutraquelle im Ilmpark eine Sphinxskulptur aufgestellt worden. Die Sphingen-Reliefs für das Römische Haus arbeitete Klauer nach Schurichts Zeichnungen, dargestellt sind darauf jeweils zwei weibliche Sphingen des griechischen Typus'. Die mittig plazierte klassizistische Deckelvase oder Urne wird dabei von schlanken Löwenschwänzen gehalten, deren Henkel sie bilden. Auch die Urne ist ein häufig

44 Manfred Lurker: [Artikel] Sphinx. In: Ders. (Hrsg.): Wörterbuch der Symbolik. 5. Aufl. Stuttgart 1991.
45 Ebd.

begegnendes Motiv im masonischem Zusammenhang, als geschlossenes Gefäß steht sie für ein inwendiges Geheimnis, spielt aber auch bei Abstimmungen eine Rolle. In diesem Zusammenhang ist von Interesse, daß das Gemälde „Friedrich der Große als Meister vom Stuhl" (G. W. Hoffmann, 1740, Deutsches Freimaurermuseum Bayreuth) einen ähnlich gestalteten Logenraum zeigt, mit einer griechischen Sphinx in einem Wandfeld als beherrschendem Raumschmuck.

Der originale Bodenbelag des Vestibüls war ein Sandsteinfußboden, der mit Adern von Alabaster und Schiefer durchzogen war.[46] Mit der geometrisch angelegten, schwarz-weiß-kontrastierenden Fußbodengestaltung ist die Idee des Musivischen Pflasters eingeflossen. Nach freimaurerischer Auffassung war der Salomonische Tempel mit einem Mosaikfußboden ausgelegt, dessen dunkel-helle Musterung das Nebeneinander von Gut und Böse als Spiegel des Lebens versinnbildlichen wollte.

Schon früh ist das Musivische Pflaster Gegenstand eines Tempelgesprächs, wie die Verräterschrift *Masonry Dissected* (1730) von Samuel Pritchard belegt, die – wie auch andere Verräterschriften der Zeit – im gegebenen Zusammenhang einen evidenten Bezug zu den direkten Quellen der Freimaurerei herstellt.

„Q Have you any Furniture of your Lodge?
A Yes.
Q What is it?
A *Mosaick* Pavement, Blazing Star and Indented Tarsel.
Q What are they?
A *Mosaick* Pavement, the Ground Floor of the Lodge, Blazing Star the Centre, and Indented Tarsel the Border round about it."[47]

Es darf an dieser Stelle nicht unerwähnt bleiben, daß Goethes Haus am Frauenplan einen schachbrettartigen Steinboden aufweist. Und auch weitere masonische Anklänge finden sich hier, etwa im Deckengemälde mit dem Genius und dem Regenbogen im Treppenhaus.

Der ungewöhnliche Boden des Vestibüls im Römischen Haus wurde nach Carl Augusts Tod durch eine schlichte Eichenholzdielung ersetzt, wodurch die Raumwirkung der Vorhalle „durch den Wechsel des Materials und der

---

46  Alfred Jericke: Das Römische Haus. Hrsg. v. d. Nationalen Gedenk- und Forschungsstätten der klassischen deutschen Literatur in Weimar, S. 15.
47  Nach der Verräterschrift von Samuel Pritchard: Masonry Dissected. (1730). In: Douglas Knoop u. G.P. Jones: The Early Masonic Catechisms. Manchester 1943, S. 112) Zit. nach: Ursula Terner: Freimaurerische Bildwelten, S. 68. Zur Verwendung von Schnüren und Quasten siehe unten.

Farbigkeit" eine starke Veränderung erfuhr, „Der Grund für diese Veränderung ist nicht bekannt."[48]

*Abb. 3: Blick durch das Blaue Zimmer nach Osten*

48 Raimar Frebel: Die Restaurierung des Römischen Hauses 1996–1999. In: A. Beyer (Hrsg.): Das Römische Haus, S. 132–147; S. 133.

Abb. 4: *Vestibül, Supraportenrelief über dem Eingang zum Blauen Zimmer*

Abb. 5: *Blaues Zimmer, A. Kauffmann: Anna Amalia von Sachsen-Weimar -Eisenach (1789)*

# Das Blaue Zimmer

Durch den linken Durchgang im Vestibül, der ursprünglich mit einem Vorhang versehen war, gelangt der Besucher des Römischen Hauses in das schmuckreiche Blaue Zimmer. Seinem Namen entsprechend wurde der Raum mit blautöniger Marmormalerei ausgestattet und mit Stukkaturarbeiten, die der Gothaer Hofbildhauer Friedrich Wilhelm Eugen Döll schuf (1750–1816, wurde von Ernst II. von Sachsen-Gotha gefördert, Schöpfer des *Ägyptischen Monuments am Schwanteich* zu Gotha). Die Decke ist mit einer Kuppel aus weiß-goldener Stukkatur ausgestaltet, Blütengirlanden, Lorbeerranken und weitere Schmuckelemente umgeben das Kuppelzentrum.

Beherrscht wird der Raum von dem großformatigen Porträt Anna Amalias von Sachsen-Weimar Eisenach an der Südwand, das Angelika Kauffmann 1788–1789 während des Italienaufenthaltes der Herzogin malte. (Abb. 5) Umgeben ist das Porträt von einer Einfassung, die seinen festen Platz im Raum bestimmt und schon im ersten Raumplan vorgesehen war. Nun ist es nicht selbstverständlich, daß Carl August den Fokus auf seine Mutter und vorhergehende Regentin lenken wollte, in einem Haus, das vor allem privaten Zwecken diente. Schurichts aquarelliertes Blatt *Schnitt durch das Blaue Zimmer* zeigt die Intention, indem es am entsprechenden Platz eine Leerstelle aufweist (wie auch die Zeichnung für das Vestibüls und das Genius-Bild), bei Einzeichnung der umgebenden Schmuckelemente. Die drei Blütenbänder rechts, links und unterhalb des Rahmens umfassen das Porträt mit 36 stukkierten Rosen. Über dem Bildnis, das die schöngeistige Herzogin mit einem Minervenkopf vor einer italischen Ruinenlandschaft zeigt, befindet sich eine der drei größeren Reliefarbeiten des Blauen Zimmers. Für das Folgende sei vorausgeschickt, daß diese und die korrespondierenden Darstellungen bislang keine weitere Interpretation erfahren haben. Das rechteckige Relief auf rötlichem Grund „mit spielenden Putten"[49] zeigt eine Gruppe von vier Amoretten in geschäftiger Tätigkeit. (Abb. 6) Mittig steht auf einem blumengeschmückten Sockel eine Urne, der sich zwei bekleideten Putti zuwenden, wie auch deren beflügelte Helfer darauf hinzuweisen scheinen, jeweils den Arm des anderen umfassend. Links ist eine mit Tuch behängte Kiste oder auch ein Hocker zu sehen, daneben ein Gefäß, das einem Öllämpchen ähnelt. Auf der rechten Seite sind gleichfalls einige Gegenstände dargestellt, die die Knaben für ihr Tun zu benötigen scheinen. Auf einer Erhöhung steht eine Fußtruhe mit einem Deckel in Dachform, worauf ein Ährenkranz liegt. Rechts

---

49  Alfred Jericke: Das Römische Haus. Hrsg. v. d. Nationalen Gedenk- und Forschungsstätten der klassischen deutschen Literatur in Weimar. Berlin u. Weimar 1967, S. 17.

außen sehen wir einen Krug mit hohem Henkel, wohl ein Weinkrug. Der rechts vom Urnenpiedestal stehende Putto, mit ausgebreiteten Armen eine Bewegung vollführend, trägt einen Umhang, der ihm das Aussehen eines Feldherren verleiht. Während der andere, sinnend auf das Gefäß schauend, mit Beinkleid, Brusttuch und Mantel bekleidet ist. Mit seiner Zopffrisur wirkt der Knabe recht zeitgenössisch. Das Relief thematisiert den Tempelbau und seine Grundsteinlegung, wofür alle nach masonischer Auffassung benötigten Elemente zusammengestellt sind. Es stehen Öl, Wein und Korn bereit für die Weihung.[50] Das Behältnis auf der rechten Seite erinnert en miniature an Beschreibungen der Bundeslade, dem Behältnis für die Gesetzestafeln im Salomonischen Tempel. Als rechteckiger Kasten versinnbildlicht das Behältnis aber auch die Loge selbst (Logenzeichen). Das Relief wurde über Anna Amalias Porträt angebracht, die hier in ihrer Eigenschaft als Stifterin der Loge in Erscheinung tritt. Gegründet wurde die Weimarer Loge am 24. Oktober 1764, dem 25. Geburtstag „der die Freimaurerei sehr begünstigenden Herzogin".[51] Ihr Vorbild war hierin ihr Onkel Friedrich II. von Preußen. Nach dem Aussetzen der Logenarbeit ab 1782 wurde sie 1808 am Stiftungstag wiederbelebt. Als Carl August am 3. September 1775 die Regierung übernahm, versprach er „,dem Br. v. Klinkowström durch Handschlag den gleichen Schutz, dessen sich die Loge unter der Regentschaft der Herzogin Amalia erfreut hatte' (S. „Aus der Geschichte der Loge ‚Amalia'" in der Festschrift der Loge, 1926)"[52]

Korrespondierend zur Darstellung über dem Porträt der Logenstifterin wurden zwei rechteckige Reliefs mit identischem Motiv über dem Durchgang zum Vestibül und zum Gelben Zimmer angebracht. (Abb. 7) Wieder sieht man eine Gruppe geschäftiger Putti. Diesmal sind es sechs, wobei die beiden durch ihre Bekleidung herausgehobenen Knaben wiederbegegnen, umgeben von vier Helfern. Mithilfe eines Dritten schmücken sie mit erhaben-heiteren Mienen einen kannelierten Säulenstumpf mit einer gewundenen Girlande, die zur Betrachterseite hin mit einer Quaste verziert ist. Während zwei Putti auf der rechten Seite eine von einem Tuch verhüllte Amphore oder Urne halten, hält der gegenüber liegende Putto eine Trinkschale in der Hand. Daß er daraus schon getrunken hat, verrät sein lachendes Gesicht. Der Knabe lehnt an einen Stuhl, der mit einem Tuch bedeckt ist. Diese Reliefarbeit zeigt das Schmücken des maurerischen Tempels. In dem Säulenstumpf läßt sich der Tisch, in dem Lehnstuhl ein Sitz für den Meister

---

50  LP [Artikel] Korn, Wein und Öl, Ausschüttung von.
51  LP [Artikel] Weimar.
52  LP [Artikel] Sachsen-Weimar, 1. Karl August, Herzog v.

vom Stuhl erkennen, das darüber geworfene Tuch steht für die Verhüllung von Geheimnissen. Die Quaste, Troddel oder *Tassel*, schließlich spielt eine bedeutende Rolle in der symbolischen Ausstattung von Logenräumen, z.B. auf Lehrteppichen, wie auch gewundene Schnüre oder Kordeln, deren Enden sie bildet.

Acht weitere Stuckreliefs unterschiedlichen Formats auf blauem Grund schmücken den Raum, wobei zuerst die beiden mandelförmigen Elemente rechts und links neben der oberen Abschlußleiste des Gemäldes ins Auge fallen. Als „*acht einzelne Putten*" in verschiedener Bewegung und Tätigkeit"[53] eingeordnet, zeigt das Relief links Hermes oder Merkur mit Reisehut und dem Zauberstab „mit zwo also umflochtenen Schlangen, daß sie die Köpfe gegen einander kehreten".[54] (Abb. 8) Auf dem gegenüberliegenden Feld erkennt man eine Amorette mit einer Leier, doch gerade die merkwürdig plumpe Darstellung des Instruments in der unteren Auswölbung identifiziert diesen Putto gleichfalls als Hermes, der, gerade geboren, eine Schildkröte mit Rindersehnen bespannte und so die Lyra erfand.

In der Südost-Ecke des Raumes sind zwei Rundmedaillons angebracht. Auf dem zum Osten hält ein gelockter Knabe ein brennendes Reisigbündel in die Höhe, darin ein Blitz und ein flügelschlagender Adler zu sehen sind. Es ist Prometheus, der von Jupiter das Feuer auf die Erde zurück holt. Auf dem korrespondierenden Relief an der Südwand begegnet Hermes wieder, wobei die Zuordnung dieser Szene schwieriger ist, da das Motiv zwei mythologische Stränge verbindet. Gezeigt ist ein Putto, der hinterrücks ein Schwert hält. Es ist das dem Mars entwendete Schwert, denn als Hermes „kaum geboren war, so stahl er dem Neptun den Dreyzack, dem Mars den Degen aus der Scheide, dem Apollo Bogen und Pfeile, dem Vulcan seine Zange, dem Jupiter selbst den Zepter; und, wo er sich nicht vor dem Feuer gefürchtet hätte, so würde er ihm auch den Blitz entwendet haben."[55] Letzteres zeigt an, daß es das Relief auch auf die Prometheussage verweist. So blickt ein Putto rechter Hand auf ein zunächst nicht recht erkennbares Objekt hinab, ein bauchiges Gefäß, das auf einer Holzscheibe steht und mit einem großen Blatt abgedeckt ist. Im Zusammenhang mit dem Prometheusstoff ist das Behältnis als die Büchse der Pandora identifizierbar. Diese erhielten Pandora und Epimetheus (Prometheus' Bruder) von den Göttern, mit der Auflage, sie nicht zu öffnen. Als Pandora oder Epimetheus, vielleicht auch beide zusammen, die Büchse öffneten, entfuhren daraus schlechte Eigenschaften, die die Götter darein gegeben. Zurück blieb allein die Hoffnung. Die Reliefarbeit fängt damit

---

53  Alfred Jericke: Das Römische Haus. Hrsg. v. d. Nationalen Gedenk- und Forschungsstätten der klassischen deutschen Literatur in Weimar. Berlin u. Weimar 1967, S. 17.
54  HED Artikel [Mercurius].
55  Ebd.

eine Szene ein, die die Verbindung zwischen dem Sagenkreis um Hermes mit demjenigen um das Prometheische herstellt.[56]

In der südwestlichen Ecke wird das Programm mit zwei Rundreliefs fortgesetzt. Vor einem säulenförmigen Stein ist ein Putto mit dem Ende eines dicken Seils, und nach hinten gestreckten Armen zu sehen. Über der linken Schulter liegt ein Überwurf, der an eine Tierhaut erinnert, womit die Fortsetzung von der Sage erzählt wird: „Prometheus aber wurde seines Feuerraubes halber auf dreyzig tausend Jahre von dem Vulcan und Mercurius an den Berg Caukasus also angeschmiedet, daß er sich nicht regen konnte, wobey ihm ein grausamer Adler täglich die Leber aus dem Leibe fraß.“[57] Die Tierhaut ist die des Nemeischen Löwen, da nach einer Version der Mythe der Herkules den Prometheus von seiner Qual befreite.[58] Das vierte Rundmedaillon zeigt schließlich einen Putto in Umarmung eines Pfaus, dessen aufgestelltes Gefieder mit einem Tuch verhüllt ist. Die ungewöhnliche Darstellung nimmt Bezug auf die Erlegung des hundertäugigen Argus durch Hermes, als jener die in eine Kuh verwandelte Nymphe Io auf Befehl der Hera bewachen sollte. Dessen Augen setzte Hera in das Gefieder eines Pfaus. Das durch ein Tuch verborgene Gefieder mit den Argusaugen spielt in unserer Darstellung auf das Geheimnis an.

Resümierend läßt sich über diesen Teil des Bildprogramms sagen, daß die Darstellung des Hermes im Kontext mit der masonischen Thematik auf seinen Ursprung als altägyptischer Gottheit, Thot, verweist. Dessen Verehrung als Gott

---

56  Denn damit sich Jupiter für den Betrug bei den Opfergaben „an dem Prometheus und den Menschen rächete, so nahm er ihnen das Feuer von der Erde hinweg, daß sie ihren Theil des Fleisches nicht kochen konnten. Allein, es zündete Prometheus eine Ruthe an der Sonne an, und brachte das Feuer solcher Gestalt doch wieder unter die Menschen. Diesen Frevel zu bestrafen, ließ Jupiter ihnen durch den Mercurius die Pandora zuführen, welche Epimetheus, des Prometheus Bruder, annahm, ungeachtet ihm dieser scharf verbothen hatte, kein Geschenk vom Jupiter anzunehmen.“ HED Artikel [Prometheus].

57  Ebd.

58  „Seine Befreyung von dem Adler durch den Herkules ist auf einem noch erhaltenen schönen Stücke Marmor von halb erhabener Arbeit vorgestellet worden. […] Herkules hat seine Löwenhaut und die Keule zu dessen Füßen an den Felsen hinter sich gelegt, und steht mit seinem gespannten Bogen im Begriffe, auf den Adler zu schießen, welchen Prometheus auf seinem Knie sitzen hat, da er selbst mit beyden ausgestreckten Armen an den Felsen gefesselt ist. Unter ihm liegt eine Frauensperson mit einem Füllhorne, bey welchem ein Genius ist, und über ihr steht Mercurius, welcher geneigt zu seyn scheint, den Prometheus zu trösten, oder dem Herkules zu helfen. Montfauc. l. c. pl. 131.“ HED Artikel [Prometheus].

der Gelehrsamkeit war in Ägypten mit einem umfangreichen Kultus verbunden. Er hatte die Menschen den Unterschied der Sprachen und die Götterverehrung gelehrt, weiter die Astronomie, Philosophie und viele andere Künste begründet. Die Schrift soll Hermes aus dem Flug der Kraniche erfunden haben.[59] Im Zusammenhang mit der Freimaurerei ist schließlich Hermes Trismegistos, der Mondgott der alten Ägypter und Erfinder der Alchemie und Magie anzuführen, woraus sich die ‚hermetische Kunst‘ für die Alchemie herleitet. Die Weitergabe in Geheimlehren als einer hermetischen Kette ist Hintergrund der Hermetischen Freimaurerei in Frankreich, die in Hochgradritualen alchimistische, hermetisch gedeutete Zeichen aufnahm.[60]

Die Prometheussage ist ein ganz Goethe zugehöriger Stoff. Der Dichter griff ihn zuerst 1773 im Rollengedicht *Prometheus* auf, das als zorngeladener, Ich-setzender Imperativ des schaffenden Künstlers, als Aufbegehren gegen die Götter schlechthin, ein Markstein in Goethes frühem Werk ist. Als Sturm-und-Drang typisch apostrophiert, ist Prometheus mit eben seinem Drang, durch Rückholung des Feuers das Leben der Menschen zu verbessern und der weiteren Kultivierung den Weg zu bereiten, der Aufklärung verpflichtet. Die Autorität der Götter nicht nur anzuzweifeln, sondern sie vielmehr als überflüssige Nutznießer von menschlicher Leichtgläubigkeit anzuprangern, mündet in harscher

---

59  HED Artikel [Mercurius]. Die Historie hinter dem Mythos ist verworren: „Weil verschiedene Personen Hermes oder Mercur benennt worden, so läßt sich ihre wahre Geschichte schwerlich recht bestimmen. Der älteste, welcher auch der phönicische Thoth oder Taaut heißt, und mit dem Adris oder Idris einerley ist, soll Misors oder Mizraims Sohn gewesen seyn, und Aegypten zuerst bevölkert haben. Weil nun die neuern Araber vielfältig den Henoch Idris nennen, welcher Namen vermuthlich aus dem Griechischen genommen, und einen klugen erfahrnen Mann andeutet: Fabric. Biblioth. Græc. T. I. p. 46. so haben einige den Mercur oder Hermes dafür gehalten. Kircheri Oedip. T. I. p. 67. 79. Von ihm sollen die Buchstaben seyn erfunden worden. Doch läßt sich deswegen nicht behaupten, daß er Enoch gewesen. Jacksons chronol. Alterthümer, 438 S. Man muß ihn von dem Stammvater der ägyptischen Gelehrsamkeit unterscheiden, welcher der Urheber der Gesetze war, womit Menes oder Osiris sein Land versah. Ebend. 441 S. Daß er dessen geheimer Secretär, oder Ἱερογραμματεὺς gewesen, hindert wohl nichts zu glauben. Diod. Sic. l. I. c. 16. p. 10. Diesen hält man für den zweyten Idris oder Hermes, dem man an seiner großen Wissenschaft den Namen Trismegistus gegeben, und der zu Abrahams Zeiten soll gelebet haben. Alkandi ap. Kircher. Obelisc. Pamphil. c. III. p. 25. So kann es auch wohl seyn, daß die Griechen eine Person gehabt, die eines und das andere von demjenigen gethan, was dem Mercurius zugeschrieben worden, und erst ungefähr um die Zeiten des trojanischen Krieges gelebet hat. Voss. Theol. gent. l. I. c.“.

60  LP [Artikel] Hermes Trismegistos und Hermetische Freimaurerei.

Religionskritik, die die Veröffentlichungsgeschichte des zunächst ohne Autorisierung erschienen Gedichts erklärt.

„Ich kenne nichts Ärmer's /
Unter der Sonn' als euch Götter./
Ihr nähret kümmerlich /
Von Opfersteuern /
Und Gebetshauch /
Eure Majestät /
Und darbtet, wären /
Nicht Kinder und Bettler /
Hoffnungsvolle Toren.“ (13–21).[61]

Die spätere Aufnahme des Pandora-Stoffs (*Pandoras Wiederkunft*, 1807) zeigt Goethes weitere Beschäftigung mit der mythologischen Textur.[62] Prometheus' ungeheuerliche Tat, seine Strafe und das Motiv des entfesselten Prometheus sind Gegenstand der Relieffolge auf der Südwand des Raumes.

Vis à vis vom Mittelfeld der Südwand, sind zwei achteckige Relieffelder an der Nordwand angebracht. Das linke Feld zeigt einen auf eine Leier gestützten Jüngling auf einem Wagen sitzend. Ein großer Hund mit einem überlangen Schwanz schmiegt sich an ihn. Diese Darstellung spielt auf die Orpheussage an, wie eine Stelle aus Johann Joachim Winckelmanns *Monumenti anticchi* nahelegt.[63] Ein Motiv aus der Orpheussage begegnet in der Wandmalerei im Östlichen Durchgang wieder. In der Südost-Ecke ist Orpheus' Aufstieg aus der Unterwelt dargestellt, noch vor dem tragischen Moment seines Sich-Umdrehens nach Eurydike, die ihm folgt. Orpheus ist wie Hermes eine zu den Ägyptern zurückreichende Gestalt, dessen Sage eine Verbindung zu den Geheimwissenschaften herstellt. Der Historie nach war Orpheus ein thrakischer Prinz, der sich von den Ägyptern in Geheimkulte und die Sternendeuterkunst einweihen ließ und dieses Wissen nach

---

61  Zit. nach: Goethe Gedichte. Sonderausgabe nach: Goethes Werke, Band I (Hamburger Ausgabe). Textkritisch durchgesehen und kommentiert v. Erich Trunz. 15., durchgesehene Auflage, 1993. München, 1994, S. 44–46.

62  Artikel [Prometheus]. In: Elisabeth Frenzel: Stoffe der Weltliteratur. Ein Lexikon dichtungsgeschichtlicher Längsschnitte. 9. überarb. Aufl., Stuttgart, 1998.

63  „Man will ihn auch auf einer halb erhabenen Arbeit in der Villa Panfili finden […] Neben sich hat er ein Thier, welches man für einen Hund halten würde, wenn es nicht einen gar zu langen Schwanz hätte. Jedoch, weil derselbe eines Tygers seinem ähnlich ist, so hat man dadurch vieleicht die Wildheit desselben und vermuthlich den Höllenhund andeuten wollen, der in den alten Zeiten nur mit einem Kopfe vorge, stellet wurde. […] Winkelm. Monum. antic. n. 50. p. 63. In allen diesen Vorstellungen hat er noch ein jugendliches Ansehen und ist ohne Bart.“ HED Artikel [Orpheus].

34

Griechenland brachte. Er gilt außerdem als Erfinder vieler anderer Dinge und als Heilkundiger.[64] Apollo gab Orpheus die Leier, die er von Hermes für seine Rinder erhalten hatte. Damit sind die an Süd- und Nordwand gesetzten Reliefs aufeinander beziehbar, denn der auf dem Schildkrötenpanzer spielende Hermes ist gegenüber zu sehen. So ist an dieser Stelle ein mythologischer Verweis enthalten, der die Figur des Orpheus mit der des Hermes verbindet. Dieser mythologische Strang berichtet von der Weiterentwicklung der Kunst, denn Orpheus fügte der Leier Saiten hinzu und erfand so die Kithara, womit er seinen Gesang begleitete.[65] Im masonischen Zusammenhang ist die Kontextualisierung mit Terrassons Sethos-Roman von Bedeutung, da auch Orpheus sich nach dem Bericht des Lehrers Amedes den Elemente-Proben gestellt habe, aber an der Luftprobe gescheitert sei. In den Tempel wurde er dennoch aufgenommen, seiner Liebe zu Eurydike und der Schönheit seiner Musik wegen, außerdem ist ihm Verbreitung der ägyptischen Mysterien in Griechenland zu verdanken.[66]

Das Pendant hierzu zeigt einen geflügelten Knaben mit Lockentracht und Stirnband, der mit einem Vogelgespann in den Himmel aufsteigt. Diese

---

64  „Nach dem er zu Hause gelernet hatte, was nützlich war, so gieng er nach Aegypten, und erlernete daselbst, zumal in der Theologie, so viel, daß er hernach seines gleichen unter den Griechen nicht hatte. Diod. Sic. l. IV. c. 25. p. 162. Von daher brachte er die Fabeln von der Hölle, den Orgien und andern d. g. Geheimissen mit und breitete sie in Griechenland aus. Id. l. I. p. 14. & 60. Daselbst lehrete er auch zuerst die Sternseher- und Sterndeuterkunst und entdeckete die Harmonie der Sphären. Lucian. de astrol. p. 850. T. I. Opp. Serv. ad Virg. Aen. VI. 645. Desgleichen soll er zuerst gelehret haben, daß der Mond bewohnt sey. Procl. in Timæum. l. IV. p. 283. & V. p. 292. Wie er denn auch zuerst von der Kräuterkenntniß etwas merkwürdiges vorgebracht hat. Plin. H. N. l. XXV. c. 2. Ueberhaupt soll er in der Arzneykunst sehr geübt gewesen seyn. Clerici Hist. medic. l. I. c. 10. p. 33. Ja, wenn man den Griechen glaubet, so sind alle Wissenschaften und so gar die Buchstaben von ihm erfunden worden. Fabric. Bibl. Græc. l. I. c. 20. p. 130." HED Artikel [Orpheus].
65  „So brachte er es auch in der Musik so weit, daß er nicht nur die Menschen, sondern auch die wilden Thiere, ja selbst die Bäume und Felsen, nach sich gezogen, wie nicht weniger die Flüsse in ihrem Laufe, und die Winde in ihrem Blasen, aufgehalten. Apollon. l. l. v. 26. Horat. l. I. Od. 12. v. 7. Dieses alles bewirkete er mit seiner Leyer, oder Cithar, welche er vom Apollo empfangen, und da sie sonst nur mit sieben Saiten bezogen war, noch mit zwoen mehr versehen hatte. Eratosthen Cataster. 24. Er sang dazu, welches vorher noch niemand gethan hatte, da man nur auf der Flöte zu spielen pflegte. Plutarch. de Music. p. 1132. T. II. Opp. […] Gleichwohl will man, daß der Hexameter von ihm erfunden worden. Antipat. Sidon. l. III. Antholog. p. 388." HED Artikel [Orpheus].
66  Jan Assmann u. Florian Ebeling: Ägyptische Mysterien. Reisen in die Unterwelt in Aufklärung und Romantik. Eine kommentierte Anthologie. München 2011, S. 49.

Darstellung spielt auf Hermes als Erfinder der Schrift an, der die Buchstaben aus dem Vogelflug am Himmel erkannt haben soll, und da auch Orpheus manchen als Urheber der Schrift gilt, kann hier die Verschmelzung mythologischen Stoffs aus verschiedenen Altersschichten und Quellen Anlaß für die Gestaltung gewesen sein.

Zusammenfassend läßt sich über die künstlerische Ausgestaltung des Blauen Zimmers sagen, daß die Logenstifterin in den Mittelpunkt der Raumgestaltung gerückt wurde. Die freimaurerische Symbolik spiegelt sich in der durchgehenden Verwendung der Farbe Blau für die Johannismaurerei: Blau ist die Farbe des Himmels, die Farbe auch, „in die sich die Loge kleidet. Blau ist die bevorzugte Farbe der Inneneinrichtung [...] das alte Wappen der englischen Bauhüttenbrüderschaft [...] zeigt drei silberne Türme auf blauem Grund. [...] Die Freimaurerfarbe ist ein Himmelblau"[67] – daher die Bezeichnung Blaue Maurerei. Dann die Dekoration des Blauen Zimmers mit Rosen als Sinnbild der Schönheit und der Liebe, aber auch der Verschwiegenheit zu verstehen. In den Putti meinen wir schließlich Goethe und Carl August selbst zu erkennen, die mit ihren Helfern im Begriff sind, den Tempel zu bauen (Ausbringung von Korn, Wein und Öl) und die Loge zum Fest zu schmücken. Die Hinzunahme von Mythen und Figuren, die einen besonderen, dem Geheimbundwesen verpflichteten Sinn stiften (Hermes und Orpheus als Weisheitsträger, Orpheus als Empfänger von Elemente-Proben nach Terrassons Bericht), oder, im Zusammenhang mit der Prometheussage, ein Humanitätsideal in nuce aussprechen, ergänzen das anspruchsvolle Programm, dessen enger Rückbezug auf Goethes Antikenrezeption eine oberflächliche Wiedererkennung verunmöglicht. Wohl deshalb haben sich kunsthistorische Beiträge zum Römischen Haus bei der Kommentierung dieser hervorstechenden Ausstattungselemente auf Gemeinplätze beschränkt (Jericke),[68] oder diese bei der Erfassung ignoriert[69].

---

67 LP [Artikel] Blau.
68 Alfred Jericke: Das Römische Haus. Hrsg. v. d. Nationalen Gedenk- und Forschungsstätten der klassischen deutschen Literatur in Weimar, S. 17: „Diese in der Renaissancekunst viel verwendeten Putten liebte schon die spätere Antike Kunst als kleine Eroten, Amores' (Amoretten) in der Beschäftigung Erwachsener darzustellen, so unter anderem im Hause der Vettier in Pompeji."
69 Ulrike Müller-Harang: Die Inneneinrichtung. In: A. Beyer (Hrsg.): Das Römische Haus, S. 82–95.

*Abb. 6: Blaues Zimmer, Relief Südwand*

*Abb. 7: Blaues Zimmer, Supraportenrelief Ostwand*

## Das Gelbe Zimmer

An das Blaue Zimmer schließt zur Ostseite hin das Wohn- und Arbeitszimmer Carl Augusts an. Seiner Bezeichnung entsprechend war der Raum mit einer gelben Seidenwandbespannung ausgestattet, die 1805 durch eine Stuccolustro-Malerei in Marmoroptik ersetzt wurde. Für die Ausstattung des Gelben Zimmers mit reicher Arabeskenmalerei im Stil römischer Villendekoration war Meyer zuständig, der sich zur Zeit der Ausführung in Italien aufhielt. So waren es Conrad Horny, Adolf Friedrich Temler und der später hinzugezogene Georg Melchior Kraus, die die Ausmalung mit Tier- und Pflanzenmotiven vornahmen.[70] Die Ausmalung war mehrfach Korrespondenzgegenstand zwischen Meyer und Goethe, der die Ausführung als mißglückt empfand.

Auffällig unter den Tierdarstellungen sind die vier Schlangenpaare auf den Arabeskenbändern in den Ecken. Wir sehen die verschiedenartigen Schlangen in unterschiedlichen Windungsformen. (Abb. 9) Auch eine grüne Schlangenart ist hier zu sehen, die an die Figur der Grünen Schlange in Goethes *Märchen*

---

70  Ines Boettcher: Johann Heinrich Meyer und die künstlerische Ausgestaltung des Römischen Hauses. In: A. Beyer (Hrsg.): Das Römische Haus, S. 63–74, S. 68.

erinnert. Die Freimaurerei greift die Schlange vor allem in bezug auf den Ouroboros, den Schwanzverzehrer, als Sinnbild ewiger Wiederkehr und Selbsterneuerung auf: „Die das eigene Ende umfassende Schlange ist das uralte, auch von der Freimaurerei übernommene Sinnbild der Ewigkeit und des ewigen Wechsels von Werden und Vergehen. Die Kreisform dieses Symbols vergegenwärtigt den Kreislauf der Materie und der Energie.“[71] Im Zusammenhang mit der Freimaurerei hatte Goethe die Darstellung der schwanzverzehrenden Schlange spätestens beim Besuch der Loge *Modestia cum Libertate* in Zürich kennengelernt, bei der er während seiner Schweizer Reise mit Carl August 1782 hospitierte. Die *Modestia* hat in ihrem Logenzeichen einen Ouroboros, der das blaue Dreieck mit dem Logennamen umfaßt. Auch besitzt das neogotische Logenhaus zwei Löwenkopftürklopfer mit gewundenen Schlangen im Maul,[72] die dem des Römischen Hauses so ähnlich sind, daß sich die Frage stellt, ob jene später entstandenen Türklopfer durch Goethes Beziehung zur Züricher Loge angeregt worden sind.

Ein weiteres Symbolverständnis stammt aus den Moses-Erzählungen und bezieht sich auf die Errichtung einer Schlange zur Heilung von giftigen Schlangenbissen beim ausziehenden Volk Israel (Num. 21, 6–9)[73], woraus sich ein Hochgrad des Alten und Angenommenen Schottischen Ritus als *Ritter von der ehernen Schlange* herleitet.[74]

Rechts und links vom Fenster in der Ostwand sind zwei sitzende Affen im unteren Teil der Arabeskenbänder dargestellt. (Abb. 10) Das zur Rechten gezeigte Tier pflückt von einer kürbisähnlichen Pflanze Flaschenfrüchte, ohne ein Interesse des Fressens daran zu zeigen. Der Affe linkerhand hockt ebenfalls müßig herum, auch er hat den Blick auf den Betrachter gerichtet, mit den Pfoten scheint er einen Abstand anzuzeigen. Im abendländischen Symbolverständnis steht der Affe für Intelligenz, weitere Konnotationen sind die mit Neugier gepaarte Hinterlist, der Spiel- und Nachahmungstrieb, aber auch Frechheit und Eitelkeit, so daß das Tier in der christlichen Ikonographie negativ konnotiert wird. Ein positives Symbolverständnis des Affen kennt dagegen der asiatische Raum. Für die

---

71 LP [Artikel] Schlange, Mystische.

72 Heinz Georg Häußler: Der Schlangenstein im Weimarer Goethepark. In: Ilse Nagelschmidt (Hrsg.): „Alles um Liebe“ – Anna Amalia und Goethe. 1. Interdisziplinäres Symposium 2007. Weimar 2008, S. 147–158.

73 Num., 21,8–9: „Da sprach der Herr zu Mose: Mache dir eine eherne Schlange und richte sie an einer Stange hoch auf. Wer gebissen ist und sieht sie an, der soll leben. Da machte Mose eine eherne Schlange und richtete sie hoch auf. Und wenn jemanden eine Schlange biß, so sah er die eherne Schlange an und blieb leben.“

74 LP [Artikel] Schlange.

Ägypter war der Affe mit der Gottheit Thot verbunden, ihn dergestalt auch verkörpernd, und die aufgehende Sonne anbetend[75]. Im Zusammenhang mit der Lage des Fensters zum Osten hin steht als wenig geläufige Tiersymbolik in Verbindung mit der mythologischen Sinnschicht der Hermes-Motive im Blauen Zimmer. Der Mythos wird zurückgeführt auf seine Herkunft aus dem Ägyptischen, auch insofern rückgreifend, da alle erste Wissenschaft und Weisheitslehre aus dem Osten kamen, und in das große Credo des *Ex oriente lux* einfloß. Die Sonnen- und Lichtsymbolik, der Aufgang der Sonne im Osten, spielt eine zentrale Rolle im masonischen Ritual, das den Maurer im individuellen physischen und psychischen Nachvollzug von der Dunkelheit zum Licht führt. Im Kern sind alle Mysterienkulte Lichtkulte, „Die Lichtsymbolik vor allem als Verbildlichung des Erlebnisses der Wiedergeburt, als Erleuchtung, bildet ein Fundament der Mysterienbünde."[76]

Zusammenfassend läßt sich über das Gelbe Zimmer sagen, daß die masonische Symbolik in anderer Motivgestaltung und Formensprache zum Ausdruck kommt als im Blauen Zimmer. Die Gestaltung in der Sonnenfarbe Gelb und die Ausmalung mit Naturmotiven betont die Lage mit Blick zum Park, vor allem aber nach Osten hin.

Mit den Schlangendarstellungen wurde ein Element der ersten Parkgestaltung aufgegriffen, das sich sowohl im Türklopfer als auch im weiteren Umfeld findet, so der Goethebrunnen am Frauenplan, 1821 oder der Memorialstein für Leopold von Braunschweig (1745–1785, Freimaurer und Mitglied der Strikten Observanz, 1785–88). Eine Schlange windet sich um eine bauchige Marmorurne, die nach Adam Friedrich Oesers Entwurf ausgeführt wurde, weitere Arbeiten an dem Denkmal übernahm Martin Gottlieb Klauer, der auch den sogenannten Schlangenstein für den Park schuf. Er war es auch, der für Johann Joachim Christoph Bode (1730–1793, Eintritt in die Hamburger Loge *Absalon* 1761, leitete die Aufnahmearbeit Goethes 1780, wichtiger Vertreter der zeitgenössischen Freimaurerei und Illuminat) das Grabmal in Form eines Obelisken für dessen Grabstelle auf dem Friedhof der Jakobskirche schuf, mit der Inschrift: „Rastlos und muthig beförderte Er Wahrheit, Aufklärung und Menschenwohl". Klauers Grabmal unweit der Fürstengruft schließlich ist eine künstlerische Reminiszenz mit Bekenntnischarakter und stellt eine Urne mit einer gewundenen Schlange dar. Ein Ouroboros umschließt außerdem auf der Grabplatte Johann Gottfried

---

75 Manfred Lurker: [Artikel] Affe. In: Ders. (Hrsg.): Wörterbuch der Symbolik. 5. erw. Aufl. Stuttgart 1991.

76 LP [Artikel] Lichtsymbolik.

Herders das A und Ω, mit dessen Siegelmotto: Licht, Liebe, Leben (1766 Aufnahme in die Loge „Zum Schwert" in Riga, verfaßte auch freimaurerische Schriften, 1783 Aufnahme in den Illuminatenorden).

Weitere Symboldarstellungen im Gelben Zimmer sind die Deckelvase oder Urne an der Südwand, das Motiv vom Vestibül aufgreifend.

*Abb. 9: Gelbes Zimmer, Schlangenpaar*

## Besonderheiten im Interieur

Eine besondere Betrachtung verdient zudem das Ameublement des Römischen Hauses. In der Literatur wird die aufwendige Innenausstattung zum Zeitpunkt des Einzugs von Carl August oft im Kontrast zu der klassizistischen Architektur des Baukörpers und dem sparsamen Fassadenschmuck gesehen. Die Ausstattung und Einrichtung des Hauses mit Textilien, Bodenbelägen, Mobiliar und weiteren Inventars wurde mit beträchtlichem Aufwand betrieben, Jericke/Dolgner zufolge sollen ungefähr 5000 Reichstaler dafür angefallen sein, wobei die Schätzung der Gesamtkosten bei etwa 28.000 Reichtalern liegt.[77] Die „Steigerung des Ausstattungsaufwands" sei von Goethe „nicht ohne Bedenken" verfolgt worden, an anderer Stelle ist von der „auch von Goethe nicht unterdrückten reicher gehaltenen Ausstattung des Hauses für einen Fürsten"[78] die Rede.[79]

Die prächtige Innenausstattung wird als Ausdruck von Carl Augusts Hang zur feudalen Repräsentation verstanden, „im Innern [...] spiegelten sich fürstliche Üppigkeit und Reichtum."[80]. Die Erfassung der Inneneinrichtung und die Ausstattung mit besonderen Objekten läßt sich durch das „Inventarium über das Neue Hauß" von 1797, die Fourierbücher und Handwerkerrechnungen gut rekonstruieren. Auffällig sind zunächst die ungewöhnlichen Bodenbeläge, der Boden im Vestibül und die besonderen Fußteppiche im Blauen und im Gelben Zimmer. Es gibt Anzeichen dafür, daß auch hier Interpretationen des Musivischen Pflasters umgesetzt wurden. In der Vorhalle war dies der mit Schiefer- (schwarz) und Alabasterstreifen (weiß) ausgelegte Boden, darauf war ein „samtener würflichter" Teppich ausgelegt, im Blauen Zimmer ein Teppichboden aus Samt „alla Kreck [à la Greque] Bourdur nebst schwarz, braun und weisen Streifen", für das Gelbe Zimmer wurde ein „Fußtepigt dergl. Plisch [Plüsch] der Grund in grün weiß und schwarz" bestellt.[81]

Bei der Beschreibung der Einrichtung fällt vor allem auf, daß das Haus keine Türen zur Verschließung der Haupträume besaß, sondern ausschließlich zu diesem Zweck angefertigte schwere Vorhänge. Schon hinter der Eingangstür hing ein grüner Seidenvorhang, mit Leder unterfüttert, „ein vergleichbarer Vorhang

---

77 Alfred Jericke u. Dieter Dolgner: Der Klassizismus in der Baugeschichte Weimars, S. 148.

78 Alfred Jericke: Das Römische Haus. Hrsg. v. d. Nationalen Gedenk- und Forschungsstätten der klassischen deutschen Literatur in Weimar, S. 13.

79 Vielmehr sorgte sich Goethe um Schäden an der Einrichtung wie aus einem Brief an Meyer am 7. Juli 1794 hervorgeht: „Das Haus wird sehr schön, ich möchte sagen, für ein freystehendes Gebäude, in welchem die Personen selbst nicht immer in der größten Zucht und Reinlichkeit anlangen können, zu schön, um mit Bequemlichkeit drinnen wie zu Hause seyn zu können." Zit. nach: Alfred Jericke u. Dieter Dolgner: Der Klassizismus in der Baugeschichte Weimars. Weimar 1975, S. 148.

80 Ulrike Müller-Harang: Die Inneneinrichtung. In: A. Beyer (Hrsg.): Das Römische Haus, S. 85.

81 Nach: Ulrike Müller-Harang: Die Inneneinrichtung. In: A. Beyer (Hrsg.): Das Römische Haus, S. 86.

schmückte den Durchgang zur Treppe ins Souterrain sowie zum angrenzenden Blauen Zimmer"[82], alle raumtrennenden Vorhänge waren mit Quasten verziert, ebenso die aufwendigen Fenstervorhänge: „Zu beiden Seiten der Fenster hing je ein grüner, in mehreren Schichten übereinandergelegter Vorhang von Seidentaft, dessen oberer Teil mit weißem Atlas, weißseidener golddurchwirkter Tresse und ebenso gewirkten Crepinen und Quasten verziert war."[83], im Blauen Zimmer waren die Vorhänge ähnlich ausgeführt, „geschmückt mit golddurchwirkten fülligen Quasten, Tressen, Kordeln und Borten in der Farbe des Zimmers."[84], Wolkenvorhänge im oberen Fensterbereich bildeten den Abschluß. Tempel sind mit Vorhängen ausgestattet, „Vorhänge, Schleier, im Englischen *Veils*, dienten in den Mysterienbünden zur Verhüllung der Weistümer, die dem Neophyten in Stufen vermittelt wurden."[85] Ein weiterer symbolischer Bezug ergibt sich aus der Beschreibung des Salomonischen Tempels, worin der Zugang zum Allerheiligsten mit Teppichen verhängt war.

Auch weiteres Inventar weist masonische Symbolik auf. Im Vestibül wurden etwa ‚Trepiés [trépied: Dreifuß] von weisem Beinglas', Leuchter für drei Kerzen, in den Nischen aufgestellt. Auf der Tafel stand „ein Aufsatz aus gleichem Material und gleicher Form, jedoch [...] verziert mit vergoldeten Bronzeketten und -ringen. [...] Drei Bronzearmleuchter mit Kerzen krönten den Aufsatz."[86] Das Schmuckelement der Kette (engl. *mystic chain*, frz. *chaîne d'union*) steht in der freimaurerischen Symbolik für den Bruderbund der Maurer und die Bruderkette.[87]

Ein besonderes Objekt im Blauen Zimmer war der in der Kuppel hängende Kronleuchter, „für acht Kerzen aus böhmischen Kristallglas mit Vergoldungen. Den unteren Abschluß [...] bildete eine eine blaue gläserne Scheibe mit vergoldeter Bronzeverzierung und einer Quaste aus Kristallglas."[88] Ob der Leuchter acht – oder aber nur sieben Kerzenhalter aufwies, läßt sich am vorhandenen Bildmaterial

---

82  Ebd., S. 82.

83  Ebd.

84  Ebd., S. 83.

85  LP [Artikel] Vorhänge.

86  Ulrike Müller-Harang: Die Inneneinrichtung. In: A. Beyer (Hrsg.): Das Römische Haus, S. 83.

87  „Der Brauch [...] in deutschen und romanischen Ritualen üblich. Ridel erwähnt 1817, daß das Schlingen der Kette schon in den ältesten Ritualen vorkomme [...] Trotzdem scheint der Brauch im 18. Jahrhundert nicht allgemein bekannt gewesen zu sein, denn Herzog Ferdinand von Braunschweig lehrte die Brüder der Loge in Magdeburg die Kette schließen.", LP [Artikel] Kette.

88  Ulrike Müller-Harang: Die Inneneinrichtung. In: A. Beyer (Hrsg.): Das Römische Haus, S. 83.

nicht eindeutig klären, die Raumfotografie von 1912[89] zeigt sieben Kerzenhalter. Zahlensymbole und Symbole der Geometrie sind in der Freimaurerei von zentraler Bedeutung, stellen sie doch den Bezug her zu der fünften Wissenschaft der Septem Artes Liberales, und ihrer Bedeutung für die Baukunst. Masonischem Verständnis nach sind die Drei, die Fünf und die Sieben Zahlen mit besonderem Symbolgehalt, wobei Drei und Fünf auch geometrisch, als Dreieck und Pentagramm aufgegriffen werden, weitere geometrische Formen sind das (längliche) Rechteck und Hexagramm, weiter auch die platonischen Körper. Die Dreizahl begegnet in der Ausstattung des Römischen Hauses immer wieder, sei es bei den kleinen Glasleuchtern für je drei Kerzen im Vestibül, den drei Aufsatzleuchtern für die Tafel, den sechsunddreißig Rosen, die das Porträt der Logenstifterin einrahmen.

1806 wurde ein weiteres besonderes Möbel angefertigt, im Zuge von einer Reihe von Eingriffen, etwa der Abnahme der Seidentapeten, die mit der Neueinrichtung des Schlosses erklärt werden.[90] Der Mahagoni-Schreibsekretär, der zum Erstbezug für das Gelbe Zimmer angefertigt worden war, wurde zum Schloß Wilhelmsthal gebracht. Als Ersatz dafür wurde ein überaus wertvoller Schreibsekretär bei dem Jenaer Kunsttischler C.G. Keck aus Mahagoni bestellt, „inwendig von Cedern Holz".[91] Geschmückt war dieses Schreibmöbel mit vergoldeten Schmuckelementen: ein „durchbrochener Fries, vier Köpfe, zwei Eichel-Girlanden und zwei kleine Köpfe, eine Einlage mit Fruchtform, vier Artischocken und 30 Fuß Perlen mit Stiften".[92] Diese Beschreibung ist in zweifacher Hinsicht bemerkenswert, erstens, da hier neben den Köpfen die *Artischocke* als Schmuckelement genannt wird. Und zweitens, der ungewöhnliche Auftrag, das Möbel mit einer inwendigen Furnierung aus Zedernholz zu versehen. Selbst aufwendigste Kunsttischlerarbeiten wurden im Inneren nicht ausgekleidet, da sie als reine Schaustücke dienten. Der Zedernbaum gilt in biblischer Beziehung als hochsymbolisch. Aus dem Holz von Libanon-Zedern wurde der Salomonische Tempel erbaut, gilt die Zeder doch als ein Holz, das nicht anfällig ist für Fäulnis:[93] „Und Hiram, der König zu Tyrus, sandte Boten zu David mit Zedernholz und Zimmerleute und Steinmetzen, daß sie David ein Haus bauten"

---

89  Ebd., S. 91, Abbildung unten rechts.
90  Ebd., S. 86 f.
91  Ebd., S. 87.
92  Ebd.
93  Manfred Lurker: [Artikel] Zeder. In: Ders. (Hrsg.): Wörterbuch der Symbolik. 5. Aufl. Stuttgart 1991. Hier auch weiter: „Wegen ihrer Höhe galt die Zeder als Symbol des Erhabenen; im Alten Testament heißt es von dem Gerechten, daß er wachsen werde wie die Zeder im Libanon (Ps 92, 13)."

(2. Sam. 5,11) und die Frage des *Herrn* an Nathan: „Warum bauet ihr mir nicht ein Haus aus Zedernholz?" (7,7). Im Buch der Könige wird beschrieben, daß der Tempel im Inneren mit Zedernholz ausgekleidet war. Auf diese biblischen Verweise bezieht sich, warum die „Libanonceder […] in der Baulegende wiederholt erwähnt [wird], besonders in den Hochgraden".[94] Die Auftragsarbeit wirft die Frage auf, mit welcher Absicht die besondere Dekoration bestellt und was in dem Schreibmöbel aufbewahrt wurde.

Schließlich sei noch ein weiteres bedeutungsreiches Objekt angeführt, eine Bronzeuhr, die „ein Bienenhaus mit einem honigschleckenden Knaben und einen Hund" darstellt (Inventarverzeichnis von 1808). Carl August erhielt die Uhr 1805 zum Geburtstag von seiner Schwiegertochter Maria Pawlowna.[95] Bienenkorb und Bienen stehen im Symbolverständnis der Freimaurerei für den Gemeinschaftsgedanken und die gemeinsame Arbeit zum Wohle der Gemeinschaft und sind auf zahlreichen Beispielen von französischen und englischen Freimaurerdiplomen dargestellt.[96] Hundedarstellungen im masonischen Kontext beziehen sich auf die Hiram-Legende, da es ein Hund war, der einige Auserwählte zum Leichnam des großen Baumeisters führte.

## Das Untergeschoß

In das Unter- oder Kellergeschoß gelangt man über eine Holztreppe. Die von Carl August auch ‚Erdgeschoß' genannte untere Etage besteht aus einer Folge von vier Räumen verschiedener Größe und Gestalt, durch die links von der Mittelachse mit Blick zum Osten eine Sichtachse mit drei Durchgängen verläuft. (Abb. 12) Darüberhinaus gibt es noch einen weiteren separaten Raum. Heute, da die Verbauungen des Untergeschoßes durch Wirtschafts- und Sanitäranlagen aus den 1950er Jahren wieder zurückgenommen sind, entspricht der Raumeindruck des Untergeschosses in etwa der Entwurfzeichnung von Arens aus dem Jahr 1792. Der Beginn der Arbeiten am Römischen Haus erfolgte zu einem Zeitpunkt, als die Entwurfzeichnungen noch nicht eingetroffen waren. So wurde mit dem Bau wohl auf Grundlage einer Reihe von Vorzeichnungen[97] begonnen, deren Urheberschaft

---

94  LP [Artikel] Ceder.
95  Ulrike Müller-Harang: Die Inneneinrichtung. In: A. Beyer (Hrsg.): Das Römische Haus, S. 88 und Anmerkung 31.
96  Ursula Terner: Freimaurerische Bildwelten, S. 99.
97  Alfred Jericke u. Dieter Dolgner: Der Klassizismus in der Baugeschichte Weimars, S. 141.

nicht ermittelbar ist.[98] Die Erdarbeiten begannen in der Woche vom 25. zum 30. Juli 1791, außerdem erging Anweisung an den Hofgärtner Gentzsch, „Steine zu dem Gebäude über der Kalten Küche anzufahren".[99] Jericke/Dolgner zufolge differenzierten sich die Arbeiten in den folgenden Wochen. Rechnungen und Garten-Memoranden belegen den Erdaushub und das Anfahren und Hauen der Steine. In dem eingangs zitierten Brief Carl Augusts vom 27. Dezember 1792 verfügte der Herzog, daß der Bau „in der Maaße fortgesetzt, wie er disponirt worden, nehmlich daß in diesem Jahre das Erdgeschoß fertig, die Säulen etwa angeschafft werden und man die Vorbereitungen treffe, übers Jahr das Stock aufzusetzen."[100]

Die Räume im Untergeschoß wurden als Wirtschaftsräume benutzt. Die Frage, ob sie ausschließlich für diesen Zweck geplant waren, stellt sich spätestens bei der Besichtigung. Die Raumgestaltung weist eine Reihe von Merkmalen auf, die nicht im Zusammenhang des Speiseanrichtens, des Lagerns von Wein und ähnlichem stehen. So finden sich in dem zum Westen gehenden Raum zwei nebeneinander gesetzte Stützpfeiler, die in das Gewölbe auslaufen und eine Muschelnische auf der Mittelachse einrahmen. (Abb. 11 und 12) In der Nische konnten eine Skulptur oder ein Leuchter aufgestellt werden, zwar ist diese gedrungener als jene im Vestibül, formal aber gleich angelegt. Die Säulen erinnern im gegebenen Kontext an die beiden Säulen des Tempels Salomonis, die im maurerischen Ritual mit hoher symbolischer Bedeutung belegt sind.

Der Blick von Westen geht durch zwei Türöffnungen hindurch, die mit ihren abgesetzten Türgewänden optisch an Durchgänge in Pyramiden erinnern. Sie geben Sicht auf den mit einem doppelten Kreuzrippengewölbe versehenen Raum im Osten frei. Nach Süden zweigt ein weiterer Durchgang ab. Insgesamt weist die Raumstruktur fünf Durchgänge auf, hinzu kommt der Durchgang zwischen den Säulen im Westraum, dazu die Tür zum separaten Zimmer, und auch dieses hat ein Kreuzrippengewölbe, wie eine Architekturzeichnung von 1968 zeigt.[101] Auf der zur Verfügung stehenden Grundfläche erzeugt diese Aufteilung einen Verschachtelungseffekt. Geht man von einer reinen Wirtschaftsnutzung aus, wäre die Fläche hinter den Säulen verlorener Raum, gleiches gilt für den

---

98   Kai Fischer: Die Tätigkeit des Architekten Johann August Arens am Bauprojekt Römisches Haus. In: A. Beyer (Hrsg.): Das Römische Haus, S. 40–47; S. 41: Zwei Studien für Sockelrustica, Unbekannt, nach J. A. Arens? Sowie S. 43: Römisches Haus, Ionika Gesimse, J. A. Arens?

99   Alfred Jericke u. Dieter Dolgner: Der Klassizismus in der Baugeschichte Weimars, S. 141.

100  Ebd., S. 142.

101  Aufrißzeichnung Römisches Haus, M: 1:50, Weimar 1969, Bearbeiter Thomas Wiel.

kleinen Zwischenraum mit drei Durchgängen. Nach der Entwurfszeichnung von Arens waren zudem Treppenstufen rechts und links von den Säulen vorgesehen, außerdem führten Stufen über den Zwischenraum vom Westpart zum Raum im Osten, die offenbar nicht realisiert wurden. Auch dieser Entwurf widerspricht einer rein auf Zweckmäßigkeit ausgerichteten Planung. Im Untergeschoß sind wichtige Bestandteile einer Logeneinrichtung zusammengekommen. Die Folge von Räumen, dabei auch einer separaten Kammer, eine gewundene Treppe und ein Säulenpaar, angeordnet direkt unter dem Haupteingang des Gebäudes und diesen einfassend. Die Gegebenheit des Römischen Hauses entspricht in verblüffender Genauigkeit den historischen Quellen aus der alten Logenliteratur, die durch Verräterschriften überliefert ist. So wurde das Haus an erhabener Stelle über dem Ilmtal erbaut, wozu umfangreiche Erd- und Grundarbeiten notwendig waren, es ist mehrgeschossig und entspricht als langgezogenes Rechteck der Logenform. Die Ost-West-Ausrichtung vervollständigt die von Pritchard preisgegebene Ausstattungsanforderung mit der Wiedergabe von Tempelgesprächen. Hier heißt es zur Situierung der Loge:

> „Q Where does the Lodge stand?
> A Upon Holy Ground, or the highest Hill or Io west Vale, or in the Vale of Jehosaphat, or any other secret Place.
> Q How is it situated?
> A Due East to West.
> Q Why so?
> A Because all Churches and Chappels are or ought to be so."[102]

Und zu den beiden Säulen am Eingang im Westen:

> „Q How came you to the middle Chamber?
> A Through the Porch.
> Q When you came through the Porch, what did you see?
> A Two great Pillars. (…)"[103]

Und zur Treppe:

> „Q How came you to the middle Chamber?
> A By a winding Pair of Stairs.
> Q How many?
> A Seven or more.

---

102 Samuel Pritchard: Masonry Dissected. (1730). In: Douglas Knoop u. G.P. Jones: The Early Masonic Catechisms. Manchester 1943, S. 112) Zit. nach: Ursula Terner: Freimaurerische Bildwelten, S. 673 f.
103 Ebd., S. 65.

Q Why seven or more?

A Because seven or more makes a Just and Perfect Lodge."[104]

An diesen Vorgaben blieb der Plan des Baus orientiert.

*Abb. 11: Kellergeschoß, Gewölbe unter dem Vestibül*

---

104   Ebd., S. 64.

*Abb. 12: Kellergeschoß, Durchsicht nach Osten*

*Abb. 13: Kellergeschoß, Muschelnische Westwand*

*Abb. 13: Kellergeschoß, Muschelnische Westwand*

# Der Östliche Durchgang

Der Östliche Durchgang ist in der Literatur vielfach behandelt worden, bietet dieser Part des Römischen Hauses doch reiches Material.[105] Viel Raum nimmt die Erörterung von Goethes Idee ein, die ältere Form in der unteren Schicht als Ruinenfundament anzulegen, woraus die neuere, ionische emporwächst um im Portikus und in der Westfassade in einen edel-schlichten Klassizismus überführt zu werden. Nichtsdestotrotz haben sich Interpretationslücken nicht schließen lassen, etwa in bezug auf die Wandmalereien.

Hauptelemente des dreibogigen Durchgangs sind die beiden dorischen Säulenpaare unter dem Bogen zum Osten hin. Mittig wurde darunter die *Steinerne Wanne* aufgestellt, ein Brunnen, der mit den umgebenden Wasseranlagen im Parkumfeld korrespondiert. (Abb. 14) Das Objekt war aus Italien mitgebracht worden, ein Pendant wurde in der Stadt mit der sogenannten *Ildefonso-Gruppe* als Brunnen aufgestellt. Zur Entstehungszeit des Römischen Hauses wurde auch

---

105 Andreas Beyer: Dorisch in Weimar – zu Goethes architektonischem Lehrgebäude. In: Ders. (Hrsg.): Das Römische Haus, S. 11–24.

ein Wasserfall angelegt (A. F. Temler: *Wasserfall unterhalb des Römischen Hauses.*
*Aquarell, um 1800*).[106]

Die heutige Ausmalung des Durchgangs entspricht nicht mehr dem Original.
Zur Entstehungszeit waren die Wände des Durchgangs blau gefaßt, die dorischen Säulen rot und gelb, der umlaufende Sockel war rot und die Metopenfelder grün. Belegt ist dies durch Rechnungen von Ausbesserungsarbeiten.[107] Das
illusionistische Deckenmosaik mit dem Pegasus in der Mitte war in Graustufen
ausgeführt,[108] im Originalzustand waren die Felder auf grauem Grund in Blau
und Rot ausgemalt.[109] Das Motiv des Würfelbodens oder in diesem Fall der Decke, das den Boden von Unten bedeckt, ist eine weitere Variation des Musivischen Pflasters.

Im gegebenen Kontext sehen wir die Wandfarbe des Durchgangs, ein „Getupf-
tes Blau", im Zusammenhang mit Luft/Äther und dem Wasser, ein helles Blau ist
auch die maurerische Farbe. Rot und Gelb sind Feuer und Licht, Grün der Natur
beigeordnet. Das Farbprogramm repräsentiert den Zusammenhang der Elemente: Feuer, Wasser, Erde und Luft. Sie alle sind im Unterbau vereint, das Wasser
in der Steinernen Wanne, die auch an das *Eherne Meer* vor dem Salomonischen
Tempel erinnert, die Luft im winddurchlässigen Durchgang, die Erde im umgebenden Park und auf dem ungepflasterten Boden des Durchgangs, das Feuer bei
Sonnenaufgang. In den Elementarproben spielten sie zeitweilig im freimaurerischen Ritual eine Rolle (Frankreich), die als körperliche Proben Standhaftigkeit,
Tapferkeit und Ausdauer verlangten.[110] Bekannt geworden ist die Elementepro-
be des Tamino in Mozarts *Zauberflöte*, eine Wanderung durch Feuer, Wasser,
Luft und Erde, die den Charakter einer Reinigungszeremonie hat – Mozart, wie
auch sein Librettist Emanuel Schikaneder, war ein großer Freimaurer, der mit
seiner Oper in der Figur des Sarastro dem von ihm verehrten Ignaz von Born
[1742–1791, Stuhlmeister der Wiener Loge ‚Zur Wahrheit'] ein Denkmal setzte.

---

106   Angelika Schneider: Die Parkpartien am Römischen Haus. In: A. Beyer (Hrsg.):
      Das Römische Haus, S. 110–131; S. 123 u. 128 f. Das Bild ist laut Autorin die einzig
      ermittelbare Darstellung des Wasserfalls am Römischen Haus.

107   Ines Boettcher: Johann Heinrich Meyer und die künstlerische Ausgestaltung des
      Römischen Hauses. In: A. Beyer (Hrsg.): Das Römische Haus, S. 63–74; S. 72.

108   Raimar Frebel: Die Restaurierung des Römischen Hauses 1996–1999. In: A. Beyer
      (Hrsg.): Das Römische Haus, S. 132–147; S. 147.

109   Ines Boettcher: Johann Heinrich Meyer und die künstlerische Ausgestaltung des
      Römischen Hauses. In: A. Beyer (Hrsg.): Das Römische Haus, S. 63–74; S. 72.

110   LP [Artikel] Proben, Körperliche.

Dessen Logenvortrag über die ägyptischen Mysterien hatte den Anstoß zur Entstehung des Werks gegeben.[111]

Die Darstellungen in den Bogenzwickeln sind aufgrund von Rechnungsbüchern zuordenbar. Auf der linken Nordseite sehen wir Vulkan in der Schmiede, rechts Amphitrite, erkennbar an dem Poseidon zugeordneten Hippocamp (Pferd mit Fischschwanz). Auf der Südseite rechts ist Zephyros, der Gott des Westwindes, zu sehen, links noch Kybele, die Berg- und Fruchtbarkeitsgöttin. So sind die Vier Elemente, Feuer (Vulkan), Wasser (Amphitrite/Poseidon), Erde (Kybele) und Luft (Zephyros) dargestellt. In den Ecken des Hauptbogens befindet sich rechts die Orpheus-Gruppe, damit die Verbindung zu den Motiven im Blauen Zimmer herstellend. Die korrespondierende Darstellung erweitert die Künstler-Thematik. In der linken Ecke des Hauptbogens erscheint der Sänger Arion auf dem Rücken des Delfins sitzend. Das Mittelfeld des Deckenmotivs bildet den Bellerophon Pegasos ab, dessen Hufschlag die Musenquelle Hippokrene auf dem Helikon entspringen ließ.[112] (Abb. 15) Damit korrespondiert die Darstellung des Apollon Musagetes beim Tanz mit den Neun Musen auf der östlichen Rückwand des Untergeschosses.[113] Apoll, Sohn des Zeus und der Letho, Bruder des Hermes, Vater des Asklepios und des Orpheus, stellt sich in den *Metamorphosen* des Ovid wie folgt vor: „Durch mich wird Zukünftiges, Vergangenes und Gegenwärtiges offenbar, durch mich tönt harmonisch das Lied zu den Klängen der Saiten. [...] Meine Erfindung ist die Heilkunst, überall auf der Welt heiße ich Helfer" (I, 517f), Apollon ist der griechische Gott der Weissagung, mit dem meistbedeutenden Orakel in Delphi. So schafft das Bildprogramm im Unteren Durchgang eine kongeniale Verbindung zwischen den alten Mysterienkulten, den Freimaurerritualen und der Künstlerthematik.

Schließlich soll noch auf ein Gedicht Goethes eingegangen werden. Unter den *Gedichten zu Bildern findet* sich der Titel: „Das sogenannte Römische Haus im Park". Goethe schrieb den Vierzeiler im Januar 1828 in ein Album für Caroline

---

111  LP [Artikel] Mozart, Wolfgang Amadeus. Ausführlicher: Paul Nettl: Musik und Freimaurerei. Mozart und die Königöiche Kunst. Eßlingen a. N. 1956.

112  Die von Johann Gottfried Schadow auf Goethes Anregung hin entworfene Gedenkmünze von 1816 zeigt auf der Rückseite den Pegasus in ähnlicher Stellung. (Schadow gehörte der Berliner Loge *Friedrich Wilhelm zur gekrönten Gerechtigkeit* an).

113  Ines Boettcher: Johann Heinrich Meyer und die künstlerische Ausgestaltung des Römischen Hauses. In: A. Beyer (Hrsg.): Das Römische Haus, S. 63–74; S. 70. Neuere Forschung schreibt das Werk dem sienesischen Maler Baldassare Perruzzi zu, aus der Sammlung des Palazzo Pitti in Florenz, den Zeitgenossen hingegen galt es als ein Werk des ‚Julius Romanus' (Meyer), d.i. Giulio Romano, eines Schüler Raffaels.

von Egloffstein, „der geprüften Freundin"[114], dessen Vorderseite das Römische Haus zeigt.

„Römisch mag man's immer nennen;
Doch wir den Bewohner kennen,
Dem der ächte deutsche Sinn,
Ja der Weltsinn ist Gewinn."[115]

Die Interpreten haben sich mit dem Text bisher schwer getan, wohl weil die Verszeile über den „ächten deutschen Sinn" mit Goethes Ablehnung der erstarkenden Nationalbestrebungen im Widerspruch zu stehen schien. Aus der hier vorgenommenen Deutung des Hauses als einem der Freimaurerei gewidmeten Gebäude läßt sich das Gedicht jedoch schlüssig deuten. Daß das Römische Haus mit dem Adjektiv ,sogenannt' versehen ist, wird in der Eingangszeile verstärkt, wenn es heißt „mag man's immer nennen". Die Partikel „doch" verleiht der folgenden Aussage Nachdruck, so daß aus den Zeilen spricht: Das Römische Haus birgt einen Sinn, doch hat dieser nur mittelbar mit der raumzeitlich entfernten Antike zu tun, er ist hiesiger und gegenwärtiger. Das Gedicht gewinnt im Zusammenhang mit den Nationalbestrebungen an Schärfe. Es ist für Goethe nämlich der „ächte deutsche Sinn", der die geistes- und kulturgeschichtlichen Strömungen in ihren Zusammenhängen mit einschließt. Dieser Sinn ist einer großen Idee verpflichtet, so daß das Kompositum „Weltsinn" schließlich auf die umfassende, über Ländergrenzen und Sprachen hinaus gehende Bedeutung verweist, es assoziiert das von der Freimaurerei in den Blickpunkt gerückte Weltumspannende – daher auch die Weltkugel als zentrales Symbol. (Abb. 16)

---

114   MA, Bd. 18,1: Letzte Jahre 1827–1832, S. 25.
115   ALH, Bd. 47: Nachgelassene Werke. 7. Bd., Stuttgart u. Tübingen 1833; im Zyklus: *Gedichte zu Bildern.*, S. 157.

*Abb. 14: Östlicher Durchgang, Steinerne Wanne*

*Abb. 15: Östlicher Durchgang, Deckenmotiv mit Pegasus*

# 3. Das symbolisch-ästhetische Umfeld des Römischen Hauses

## Agathe Tyche

Das symbolisch-ästhetische Umfeld des Römischen Hauses besteht aus kleineren und größeren Parkarchitekturen, umfaßt weiter das von Carl August begonnene und mit einem Turmanbau Goethes vollendete Tempelherrenhaus, sodann das Großprojekt des Bibliotheksumbaus mit der Erweiterung um die Turmbibliothek und schließlich noch die Fürstengruft. Allen diesen Bauten eignet masonische Symbolik, zusammen ergeben sie ein miteinander zusammenhängendes, dichtes, über Jahrzehnte gewachsenes Verweissystem, während sie einzeln betrachtet in ihrer Bedeutung nicht verstehbar sind.

Die allem vorausgehende Frage ist die nach dem Ausgangspunkt der lebenslangen gemeinsamen Realisation dieses immensen Bauprogramms, das in langen Linien geplant und mit erstaunlicher Langmut umgesetzt wurde. Am Beginn der privaten Maurerei Goethes und Carl Augusts stand ein früh gegründeter und lebenslang andauernder Freundschaftsbund, der masonischen Ideen verpflichtet war.

Am 5. April 1777 trägt Goethe in das Tagebuch ein: „ἀ γαϑη τυχη gegründet!" [sic!][116] ein. Damit benennt er ein Ereignis, das durch eines der selten verwendeten Ausrufezeichen hervorgehoben wird, und fährt fort:

> „Da Μυϑος erfunden wird, werden die bilder durch die Sachen gros, wenns Mythologie wird werden die Sachen durch die Bilder gros."

Unter *Agathe Tyche*, sinngemäß ‚Dem guten Glück' oder auch ‚Dem guten Geschick' wird das zeitgleich in Goethes Garten gesetzte Denkmal begriffen. Es zeigt eine auf einem Kubus ruhende Kugel und wirkt in seiner Ungegenständlichkeit und Formstrenge erstaunlich modern. (Abb. 17) In der Literatur wird die Skulptur oft metaphorisch in Bezug zu Goethes Lebenssituation dieser Jahre gesetzt, unter Verweis auf das komplizierte Verhältnis zu Charlotte von Stein. Allein schon die zitierte Tagebuchpassage legt nahe, daß die Bedeutung der Skulptur nicht um die Beziehung zur Frau von Stein kreist, da die damit zusammengeführte Arbeit am Mythosbegriff nicht dem geistigen Raum dieser Freundschaft entsprach. Mit dem

---

116    Zit. nach: GLTzT, Bd. II, 1776–1788; S. 101.

Eintrag definiert Goethe den Mythos-Begriff als eine Stiftung (‚Gründung'), das heißt als ein Ursprungsgeschehen. Wir wollen dem im folgenden nachgehen.

Verschiedentlich ist Unverständnis über die Skulptur geäußert worden, denn „Über den Inhalt hat Goethe sich nicht geäußert" (H. Böhme).[117] Goethe hat sie selbst entworfen, dazu aber Rat bei seinem Zeichenlehrer Adam Friedrich Oeser (1717–1799, 1766 Aufnahme in die Leipziger Loge *Minerva zu den drei Palmen*, 1776 Beitritt in die Loge *Balduin zur Linde* ebenda) eingeholt, der sich um diese Zeit oft in Weimar aufhielt. Einen ersten Hinweis auf das Denkmal enthält Goethes Tagebuch mit dem Eintrag vom 15. Januar 1777; „Früh [Zeichen für Jupiter, d.i. Carl August] und Knebel αγ. τυχ" Oeser, der in der Leipziger Zeit ein wichtiger Impulsgeber für Goethes weitere künstlerische Entwicklung gewesen war, schrieb am 16. Januar an Goethe in dieser Angelegenheit:

> „Sie wollen ein Bild des immerwehrenden Glücks mit Geschmack ausgedrückt haben, da helfen die strengen mathematischen Wahrheiten nichts, erdenken Sie lieber etwas mit ihrer strengen, Mathematic daß die Kugel gantz frey in der Luft schwebet, so erreichen Sie das, was bey jedem Bilde die erste Pflicht seyn muß: den denkenden Geist zu beschäftigen, so erreichen Sie den höchsten Grad dieser Hyroklife, suchen Sie ums Himmelswillen keine Schulfüchsereyen im Werden des Geschmacks, was dem Auge plump und schwerfällig erscheint, weg damit das ist dasjenige, welches wie das Magere alles verderbet, bleiben Sie bei der kleinen Idee so ich entworfen, so ist ihr Bild gut ausgefallen, und die Kugel ist nach ihrem Platz wo sie aufgestellt wird, groß genug, wenn sie 16. bis 18. Zoll im Durchschnitt ist, die Flügel bereichern das bild genug, und vermuthlich sehen Sie warum ich die Wolke gemacht habe. Schreiben Sie mir bald wieder, so will ich zur Kugel anstallt machen.
>
> [Nachsatz] es ist gut wenn Sie alles auf einen erhöhten Posten setzen dero eine Pöschung von 45. Grad hat [Quer über den Seitenrand geschrieben] wäre die Kugel größer als der Cubus, so würde es eine unwißenheit verrathen."[118]

Der Begriff der Hieroglyphe läßt aufmerken, da es Goethe offensichtlich darum ging, in der Skulptur einen Sinn aufzuheben, der nur Eingeweihten verständlich sein sollte. Oesers Ausführungen zum Entwurf liefern zunächst keine weitere inhaltliche Erklärung, die aber in seinem Hinweis zum Größenverhältnis von

---

117 Hartmut Böhme: Einleitung/Exempla docet: Goethes „Agathé Tyche". In: Hartmut Böhme, Werner Röcke u. Ulrike C.A. Stephan (Hrsg.): Contingentia. Transformationen des Zufalls. Berlin u. Boston 2016, S. 6.

118 Rolf Selbmann: Von Oeser zu Füßli. Goethes Brief an Lavater vom November 1779 im Kontext der zeitgenössischen Denkmalsdiskussion. In: Lenz-Jahrbuch: Sturm- und-Drang-Studien. Hrsg. v. Matthias Luserke-Jaqui, Gerhard Sauder, Christoph Weiß u. Reiner Wild, Bd. 13–14 (2004–2007), S. 143–161; S. 149.

Kugel und Quader enthalten ist. So ist sein Brief ein evidentes Zeugnis für den Bezugsrahmen, wenn es in der Randbemerkung heißt: „wäre die Kugel größer als der Cubus, so würde es eine unwißenheit verrathen" – da hier zu fragen ist, worauf sich die Unwissenheit bezöge, wenn die Skulptur einem privaten Anlaß gewidmet gewesen wäre. Es wäre Oeser die Mitwirkung an der Gestaltfindung vor diesem Hintergrund wohl kaum so interessant gewesen, als daß er in Briefform seine Vorschläge nach der Begegnung am 25. Dezember 1776 – „Zu Oesern. αγαθη τυχη."[119] – nachträglich vorgebracht hätte. Im Gegensatz zu Oesers weiteren Vorschlägen fand die Bemerkung zum Umfang der Kugel Aufnahme und die Skulptur wurde so realisiert, daß ihr Durchmesser deutlich unter dem des Kubus liegt. Die Überlegung Oesers ergibt allein im masonischen Bezugsrahmen einen Sinn, da der Kubische Stein (*Perfect ashlar; Pierre cubique*) eines der großen Symbole der Freimaurerei darstellt. Auf die Bedeutung der Geometrie und der platonischen Körper als Ausgang allen Entwerfens und Bauens wurde bereits hingewiesen, doch ist insbesondere der Kubus nach der Glättung aller Seiten eines rauhen Steins ein maurerisches Symbolbild sui generis. Der Kubische Stein ist das Ideal aller Arbeit des Menschen an sich selbst und allen sittlich-sozialen Strebens.

> „Der kubische Stein ist das Sinnbild des Gesellen; dieser vollendet die Form des vom Lehrling behauenen Steins, so daß dieser in das Fundament des Tempels eingefügt werden kann.[...] Endres („Die Symbolik des Freimaurers") weist nachdrücklich darauf hin, daß der Kubische Stein den Bund auch an seine sozialen Aufgaben erinnert. [...] Das Behauen des Steines gleicht der sozialen Selbsterziehung des Menschen und die Harmonisierung der Steinform erinnert an die Notwendigkeit von sittlichen Maßstäben [...] Der Kubische Stein wird so ein Symbol des geläuterten Gewissens, ,das große soziale Symbol der Freimaurerei'"[120]

Das Bild von der geflügelten Kugel auf der Wolke schließlich entspricht Oesers eigener maurerischer Symbolgestaltung, so bezog er auch bei der künstlerischen Ausgestaltung der Leipziger Nikolaikirche freimaurerische Symbolik mit ein, markant etwa das Altardeckenbild mit Genius und Regenbogen (vgl. hierzu das Deckenbild in Goethes Haus am Frauenplan).

Das Ereignis, das am Samstag, den 5. April 1777 in Weimar stattfand, war nicht die Steinsetzung als solche. Hierfür hätte Goethe wohl auch nicht die unsaubere Wortwahl des (Stein) ,Gründens' im Sinne von ,Setzen' verwendet. Vielmehr gehört der Begriff im juristischen Zusammenhang in das Bedeutungsfeld eines

---

119   Zit. nach: GTzT, Bd. II, 1776–1788; S. 89.
120   LP [Artikel] Stein, Kubischer.

formellen Aktes und bezieht sich wohl auf die Gründung eines Bundes mit eben diesem Namen: Agathe Tyche. So erklärt sich auch, warum dieses Datum über viele Jahre von Goethe und Carl August mit einem gemeinsamen Treffen zeitnah begangen wurde, auch wurden um diese Zeit herum in gewissen Abständen andere Bauwerke realisiert oder eingeweiht. Sogar die in Goethes Tagebuch festgehaltene Besuche im Römischen Haus fallen oft auf Tage in der Nähe dieses Datums, etwa im Jahr 1809 am 9. und 16. April, 1813 am 12. und 16. April und 1820 am 13. April. Die Grundsteinlegung des Römischen Hauses am 28. März 1792, erfolgte fast auf den Tag fünfzehn Jahre nach der Gründung der Agathe Tyche.

Dieser spätestens seit Dezember 1776 vorbereiteten Gründung ging ein nicht mehr ermittelbarer Vorgang mit der Weimarer Loge voraus. Am Mittwoch, den 2. April 1777 lesen wir in Goethes Tagebuch: „Abend Verwirrung über [Logenzeichen]".[121] Als Deutung bietet sich an, daß sich eine Verstimmung angesichts der Entfaltung von Goethes Aktivitäten eingestellt hatte, möglich ist auch, daß der Stein im Zusammenhang mit dem zu diesem Zeitpunkt schon ins Auge gefaßten Logenbeitritt zu verstehen war. Es ist gut möglich, daß diese Parforcetour von etablierten Mitgliedern als anmaßend empfunden wurde. Da mindestens Freiherr von Knebel und Oeser davon wußten, ist nicht ausgeschlossen, daß auch anderen die Bedeutung bekannt geworden war. Vielleicht durch Mitteilung Carl Augusts selbst, der zu diesem Zeitpunkt erst 19 Jahre alt war. Und so ist auch denkbar, daß die Gründung eines solchen Privatbundes die Folge jener als ‚Verwirrung' umschriebenen atmosphärischen Störungen war. Bei alledem läßt sich die Gesamtsituation in Weimar und am Hof kaum ausblenden. Zusammenfassend läßt sich darüber sagen, daß Goethe in kurzer Zeit die alten Eliten in Frage stellte. Dies hatte in Teilen auch personelle Veränderungen zur Folge, da Karrieren stagnierten oder endeten. Daß der Logenvorsitzende, Staatsminister Freiherr J. F. von Fritsch sich später bei Goethes Aufnahmezeremonie am 23. Juni 1780 durch Bode vertreten ließ, gewährt Einblick in das personelle Geflecht und zeigt die Ablehnung, mit der nicht nur Fritsch Goethes Aufstieg gegenüberstand.

Goethes und Carl Augusts Maurerei wird in dieser besonderen Form nicht zuletzt durch die gesellschaftlichen Umstände entstanden sein, in denen der Fürst und sein selbstgewählter Mentor standen, sondern auch als Kontrapunkt dazu. Und es ist sicher nicht falsch hier festzustellen, daß Erziehung und Selbsterziehung zum Landesherrscher in Union mit einem besonderen Bund, der zuerst Ausdruck besonderer Loyalität, aber auch einer Gleichstellung untereinander ist, als Teil von Goethes Entwurf seiner Position in Weimar und gegenüber

---

121  Zit. nach: GLTzT, Bd. II, 1776–1788; S. 101.

seinem sehr jungen Fürsten gewertet werden kann. So schlossen Goethe und Carl August einen Pakt, der lebenslang tragfähig blieb.

*Abb. 17:* Agathe Tyche – Stein des guten Glücks *(1777)*

## Die Sphinxgrotte, der Schlangenstein und die Drei Säulen

Die dem Agathe Tyche-Denkmal folgenden Skulpturen und Parkgestaltungen stehen oft im zeitlichen Bezug zu diesen ersten Ereignissen: 1775 – Regierungsübernahme Carl Augusts und Goethes Ankunft in Weimar – 1776 Goethes Berufung – 1777 Agathe Tyche. Der nächste Gestaltungsabschnitt im masonischen Bauprogramm erfolgte nach Abschluß der ersten gemeinsamen Dekade.

Auf die Eingriffe in die Parkgestaltung zu Aufführungszwecken soll hier nicht weiter eingegangen werden, doch muß in diesem Zusammenhang auf das in Folge des Freitodes der Christine von Laßberg entstandene *Felsentor* an der Ilm hingewiesen werden. Goethes Erschütterung über den Tod der jugendlichen Freundin war groß (Tagebuch, 17. und 18. Januar 1778). Die Anlage entstand aus einem verlassenen Steinbruch in der Nähe der Floßbrücke. Kernstück des Monuments ist eine gewundene Felsentreppe mit einem engen Durchgang, der nicht zeigt, wohin er führt, um schließlich einen weiten Blick gen Osten auf die Ilmwiesen freizugeben, an der Stelle, wo Goethes Diener den Leichnam gefunden hatten.[122] Goethe schrieb dazu an Charlotte von Stein:

> „Es waren Arbeiter unten und ich erfand ein seltsam Pläzgen wo das Andencken der armen Cristel verborgen stehn wird. Das was mir heut noch an der Idee misfiel, daß es so am Weg wäre, wo man weder hintreten und beten, noch lieben soll. Ich hab mit Jentschen [Hofgärtner Johann Ernst Gentzsch] ein gut Stück Felsen ausgehölt, man übersieht von da, in höchster Abgeschiedenheit, ihre lezte Pfade und den Ort ihres Tods. Wir haben bis in die Nacht gearbeitet, zulezt noch ich allein bis in ihre Todes Stunde."[123]

Das *Nadelöhr* ist zunächst als eine künstlerische Bewältigung des Geschehens verstehbar, doch hat die Anlage in ihrer Bedeutung auch masonische Anbindung und Vorbilder in Freimaurergärten. Denn hier finden sich manche Beispiele für dunkle Durchgänge in Richtung Osten, die physisch den Gang von der Nacht zum Licht erfahrbar machen, etwa das Morgentor im Park Altenstein.

Im Frühjahr 1786 wurde die *Sphinx in der Grotte* aufgestellt (Abb. 18), in rascher Folge dann der *Schlangenstein* (Mai 1787, Abb. 19) und die *Drei Säulen* auf dem Rothäuserberg 1788. Das Ensemble entstand also zum Teil in Goethes Abwesenheit während seiner Italienreise und wurde von Carl August veranlaßt. Das *Tempelherrenhaus* (1786/88) wurde kurz vor Goethes Rückkehr fertiggestellt.

Bei der lebensgroßen Sphinx in der Felsengrotte handelt es sich um den ägyptisch-griechischen Mischtypus mit androgyner Gestalt. Die Sandsteinsulptur ruht auf einer Steinplatte mit Sockelbasis. Klauer fertigte die Sphinx nach einem Entwurf von G. M. Kraus („Grotte des Sphinx", kolorierte Radierung, 1797). In der Nähe des *Sterns*, einem Knotenpunkt im Wegenetz des Ilmparks, fließt der Wasserlauf der Läutra. Östlich des damals noch bestehenden Floßgrabens wurde eine Grotte angelegt, dazu ein künstlicher Wasserfall, der die Sphinx hinter dem Wasser einschloß. Mit Kieselsteinen war ein Rundweg gefaßt, der hinter dem Wasser an der Skulptur vorbei führte. Durch den Lichteinfall ergaben sich Lichtbrechungseffekte, die eine zeitgenössische Beschreibung so einfängt:

---

122    Jericke, Alfred u. Dolgner, Dieter: Der Klassizismus in der Baugeschichte Weimars, S. 76.
123    Zit. nach: GTzT, Bd. II, 1776–1788; S. 146.

„[Das Wasser] bildet im Fallen einen Spiegel, der in einiger Entfernung, und wenn sich gerade die Sonnenstrahlen darauf brechen, das Auge durch sein schönes Farbenspiel entzückt, und im Schatten das Ansehen einer diamantenen Pforte gewinnt, durch die man in die schauerliche Felsenwohnung der griechischen Sphynx hineinblickt. Die Statue selbst ist von der geschickten Hand des Herrn Hofbildhauer Klauers […] gehauen, und giebt der ganzen Partie soviel Wahrheit, daß man sich wirklich mehrere Minuten in die alten Zeiten Griechenlands zurückgesetzt glaubt; und sich anfangs nach der Flucht umschaut […]welche Besorgniß durch das schauerliche Dunkel, welches die Schatten der traurigen Cypressen, Lerchenbäume u.a.m., noch um vieles vermehrt wird."[124]

Die Sphinx in Verbindung mit einem Wasserfall, der im freimaurerischen Ritual für einen symbolischen Begriff steht, läßt die heute nicht mehr vollständig erhaltene Anlage als eine genuin freimaurerische erkennen. Das hebräische Wort „Schibboleth", das auf *Richter 12, 1–6* zurückgeht, bedeutet ‚Kornähre‘, aber auch ‚Strom‘, so daß es im masonischen Kontext mit dem Wasserfall verbunden wurde. Im Freimaurer-Katechismus wird das Losungswort beschrieben:

„The Craft's Password is Shibboleth: This signifies Plenty or an Ear of Corn and Fall of Water, which is Peace and Plenty. The Battle was fought in a Corn Field, near a Fall of water. This Word discovers the Enemy."(„The three distinct knocks")[125]

Eine Variante der Sphinx-Grotte in Weimar bietet der unweit gelegene Ort Liebenstein im Herzogtum Sachsen-Meiningen. Dort wurde die Maurerei von den Herzögen Karl (1754–1782) und Georg I. (1761–1803, Meister vom Stuhl der Meininger Loge *Charlotte zu den drei Nelken*) gepflegt. Am Fuße eines Felsmassivs in Liebenstein war um diese Zeit eine Höhle mit Quellaustritt entdeckt worden. Dort wurde um 1802 eine Sphinx-Statue aufgestellt („Der Erdfall und die neuentdeckte Hoehle bey Liebenstein", aus dem *Meininger-Taschenbuch* 1803). Wieder handelt es sich um eine Sphinx griechischen Typus'. Goethes Tagebuch gibt Hinweise darauf, daß die Inspiration hierzu aus Weimar stammte. Im Frühjahr 1786 war hier die Sphinx aufgestellt worden, im Mai hielten sich Carl August und Goethe zusammen mit dem Herzog Georg I. von Sachsen-Meiningen in Ilmenau auf (Goethes Tagebuch, 4./5. Mai 1886). Noch im selben Monat kamen Herzog Ernst II von Sachsen-Gotha-Altenburg (1745-1804, Mitglied der Gothaer Loge *Ernst zum Kompass*, Förderer der Freimaurerei und Illuminat) und der für seine aufgeklärte Herrschaftsauffassung wie Gartengestaltung vorbildhafte Fürst Leopold III. von Anhalt-Dessau (*Desssauer Stein* nach dem Entwurf von Oeser im

---

124  Beschreibung und Gemälde der Herzoglichen Parcks bei Weimar und Tiefurt, In: Annalen der Gärtnerey, Sechstes Stück, Weimar 1797.

125  Zit. nach: Ursula Terner: Freimaurerische Bildwelten, S. 101 (4.12.6: Korn, Schibboleth).

Ilm-Park, 1782/87) zu Besuch (Tagebucheinträge vom 13. bis 15. Mai). Am 15. Mai 1886 fand eine besondere Tafel statt, „Mittags am Tisch des Herzogspaars bei der Hoffischerei im Stern" berichtet Goethe,[126] also über ein Souper nur unweit von der Sphinx-Grotte. Bei all diesen Gelegenheiten wird die Sphinx Gegenstand des Gesprächs vor dem gemeinsamen Interessenhorizont gewesen sein.

Während Goethes Italienaufenthalt verfolgte Carl August das Bauprogramm alleine weiter, 1887 ließ er den „viel umdeutet[en]"[127] Schlangenstein setzen. Dabei handelt es sich um eine von einer Schlange umwundene Säule, die, ‚Hui genio loci‘, dem Genius des Ortes huldigt: „Er wurde, so fern er der Genius eines besondern Ortes war, als eine Schlange gebildet. Isidor. Orig. l. XII. c. 4. Dergleichen sieht man noch auf einem alten Gemälde, wo sie sich um einen Altar herum windet, und einige auf demselben liegende Früchte frißt. Pitture ant. d' Ercolano. T. I. Tav. 38."[128]

Die nächste Partie entstand im Frühjahr 1788 außerhalb der Parkumgrenzung, auf einer östlich vom Schloß gelegenen Anhöhe. Schon 1785 hatte Carl August den Rothäuser Garten angekauft, dort wurden jetzt die *Drei Säulen* errichtet, bestehend aus drei Säulen und einem Gebälkstück aus der Brandruine des Schlosses.[129] Auch hiervon vermittelt eine Darstellung von Kraus einen Eindruck (*Die ‚Drei Säulen‘ im Weimarischen Park*, Aquarell, 1800).

Drei Säulen sind bildhaft das Fundament der Johannismaurerei, es sind die drei Haupttugenden, Weisheit, Schönheit und Stärke, schon 1730 nennt Pritchard diese:

„Q What supports a Lodge?
A Three great Pillars.
Q What are they called?
A Wisdom, Strength and Beauty.
Q Why so?
A Wisdom to contive, Strength to support and Beauty to adorn."[130]

---

126 Zit. nach: GTzT, Bd. II, 1776–1788; S. 511 f.
127 Alfred Jericke u. Dieter Dolgner: Der Klassizismus in der Baugeschichte Weimars, S. 78.
128 HED: Genius.
129 Alfred Jericke u. Dieter Dolgner: Der Klassizismus in der Baugeschichte Weimars. Weimar 1975, S. 80.
130 Samuel Pritchard: Masonry Dissected. (1730). In: Douglas Knoop u. G.P. Jones: The Early Masonic Catechisms. Manchester 1943, S. 112) Zit. nach: Ursula Terner: Freimaurerische Bildwelten, S. 66.

Hier wird Goethes Aufnahme von Ruineneindrücken als Anstoß angenommen, doch ist es eben wiederum die Verbindung von Symbolen, die das Masonische hervortreten läßt. Die Drei Säulen wurden mit Rosen umpflanzt, die Anlage oft auch *Rosenfeld* genannt. Im masonischen Zusammenhang steht die Rose als Symbol der Schönheit, am Johannisfest wird die Loge mit Rosen geschmückt (,Johannisrosen').[131] Da die freimaurerische Grabbeigabe aus Rosen besteht und die Rose auch die Mitbedeutung eines Wiedergeburtssymbols hat, ist die spätere Ergänzung der Anlage um einen Gedenkstein für die früh verstorbene Schauspielerin Christine Becker-Neumann insofern stimmig. Das *Euphrosyne-Denkmal* (1797) wurde von Meyer entworfen und vom Gothaer Hofbildhauer Doell ausgeführt.

*Abb. 18: M. G. Klauer:* Sphinx in der Grotte *(1786), Kopie*

---

131 „Schon in den Initiationsriten der Alten, z.B. der Isisweihe, erfolgte in Graden, die das Erlebnis der Neugeburt des Menschen aus halb tierischem Dasein zum Inhalt

hatten, diese Wandlung durch die mystische Kraft der Rose. Was die Eingeweihten, mit der Rose geschmückt (sub rosa), als Geheimnis erfahren hatten, sollten sie unverbrüchlich verschweigen.", LP [Artikel] Rose.

# Das Tempelherrenhaus

Carl Augusts größtes Bauvorhaben während Goethes Abwesenheit war das *Tempelherrenhaus* (Abb. 20 und 21), das im *Gotischen Haus* im Wörlitzer Park ein Vorbild hat.

Für das Tempelherrenhaus wurde das Gewächshaus im Südteil des *Welschen Gartens* unter der Bauleitung von Johann Friedrich Rudolf Steiner „zu einem Gesellschaftshaus für den Hof" umgebaut.[132] Zwar hat das Haus zahlreiche Veränderungen im Laufe der Jahre erfahren, im gegebenen Kontext ist jedoch die Gestalt nach dem ersten Bauabschnitt sowie der Turmanbau von Bedeutung. Es entstand zunächst ein Hallenbau im Stil einer gotischen Kapelle, worin ein nicht allzu großer Saal untergebracht war, der von Norden und Süden her betreten werden konnte: „Über den Schmalseiten erhoben sich getreppte, von Fensterrosen durchbrochene und von Kreuzen bekrönte Giebel. Zinnenreihen begleiteten den Dachansatz. Eine Reihe hoher Fenster, die in Spitzbogen schlossen, durchbrach die Südseite. Die [...] Fenster auf der Nordseite waren nur aufgemalt."[133]

Im Mai 1788 wurden vier Tempelherrenfiguren aus Holz aus der Werkstatt M. G. Klauers auf die Eckzinnen des Gebäudes aufgesetzt – so präsentierte sich das Gebäude auch dem zurückkehrenden Goethe. Das Haus diente gesellschaftlichen Zwecken, ein Anbau an der Westseite 1792 sollte Platz für ein Orchester bieten, ab 1808 wurden Arbeiten eingeleitet, die das Gebäude wieder in ein Gewächshaus umwandelten, 1816 erhielt es den auf Goethe zurückgehenden Turm in gotisierender Formensprache, der 1818 nochmals erweitert wurde. Danach erfolgten wiederum Eingriffe, diesmal zur Umgestaltung des Gebäudes zu einem Sommeraufenthalt für die herzogliche Familie, aus dieser Phase ist auch eine Architekturskizze Goethes von 1823 erhalten. Zur Erfassung des Baues sei zunächst aus einem Reiseführer von 1825 zitiert, der die Wirkung des Tempelherrenhauses in jenen Jahren wiedergibt:

> „Weiterhin [...] kömmt man zu einem Tempel (sonst der Salon genannt) der ganz nach den Regeln der Gothischen Baukunst aufgeführt, als ein wahres Meisterstück dasteht. Wohlerhaltene alte Statuen von deutschen Ordensrittern nebst ihren [...] Wappen schmücken sein Äußeres. Dunkler Epheu und die weiße Klettenrose umranken den edlen Bau und die noch aus der Vorzeit stammenden gemalten Fenster [...] Die schönen mit Laubwerk geschmückten Säulen, an den Eingängen, die alterthümliche Form an den Thüren, die sich nur sparsam öffnen wie ein verschwiegener Mund, und

---

132  Alfred Jericke u. Dieter Dolgner: Der Klassizismus in der Baugeschichte Weimars, S. 81.
133  Ebd., S. 81.

vor allem die wunderkünstliche durchbrochene Steinarbeit, wo sinnreich jeder leere Raum wieder eine regelmäßige Figur bildet. ... Und wie wohl wird es dann dem Wanderer, wenn noch in düsterer Betrachtung versenkt, sich nun die Thüre öffnet und er eintritt in einen hellen Saal, von himmelblauen Gardinen umflossen vor dessen hohen Glasthüren [...]"[134]

Für die Erschließung einer möglichen symbolischen Bedeutung ist zunächst der Frage nachzugehen, und ob allein das Bestreben, es dem Fürsten von Dessau gleichzutun, für Carl August ausschlaggebend war.[135] Im Kontext des masonischen Bauprogramms lassen sich Bezüge zwischen dem Tempelherrenhaus und Goethes Epen-Fragment *Die Geheimnisse* (1784/1785) herstellen. Schauplatz des Gedichts ist ein entlegenes Kloster, dessen versteckte Lage im Gebirge an Beschreibungen der *Schweizer Reise* erinnert. Nach dem mühsamen Hinweg empfängt den Wanderer dort ein rosenumkränztes Kreuz am Portal, das in Zusammenhang mit der Rosenkreuzerbewegung gedeutet worden ist[136]:

„Und auf dem Bogen der geschloßnen Pforte
Erblickt er ein geheimnisvolles Bild." [V 51–52][137]
„Doch von ganz neuem Sinn wird er durchdrungen,
Wie sich das Bild ihm hier vor Augen stellt:
Es steht das Kreuz mit Rosen dicht umschlungen.
Wer hat dem Kreuze Rosen zugesellt?"[V 67–70][138]

Die kapellenartige Anlage des Tempelherrenhauses, die Anpflanzung von Kletterrosen und die Darstellung von Tempelrittern samt Wappen läßt an *Die Geheimnisse* denken. Noch heute ist am kriegszerstörten Gebäude ein behelmtes Wappen mit zwei Kreuzen an der Nordost-Ecke zu sehen.

„Zu Häupten sah er dreizehn Schilde hangen,
Denn jedem Stuhl war eines zugezählt.
Sie schienen hier nicht ahnenstolz zu prangen,
Ein jedes schien bedeutend und gewählt" [V 273–76][139]

---

134  Johanna la Goullon: Der Führer durch Weimar und dessen Umgebungen. Zum Nutzen der anwesenden Fremden und zur angenehmen Rückerinnerung für alle die, welche einst hier waren. Weimar 1825, S. 48–49.

135  Alfred Jericke u. Dieter Dolgner: Der Klassizismus in der Baugeschichte Weimars, S. 81.

136  MA 2.2, Erstes Weimarer Jahrzehnt 1775–1786, Kommentarteil, S. 839.

137  MA 2.2, Erstes Weimarer Jahrzehnt 1775–1786, „Die Geheimnisse. Ein Fragment", S. 339–348, S. 340.

138  Ebd.

139  Ebd., S. 346 f.

„Und Helme hängen über manchen Schilden,
Auch Schwert und Lanze sieht man hier und dort" [V 283–84][140]

Zu einer Interpretation des trotz Goethes späterer Einlassungen rätselhaft gebliebenen Fragments bleibt zu sagen, daß die Tempelritterthematik für den Bauherrn
zentral war. Dies zeigt sich etwa in der Versetzung der Holzfiguren beim Umbau,
wodurch sie in an der Nordwand noch besser zur Geltung kamen. 1829 wurden
die verwitterten Holzfiguren durch Steinskulpturen ersetzt – Carl August hatte
dies noch selbst veranlaßt.

Die Ausstattung des Innenraums mit himmelblauen Gardinen deutet farb-
symbolisch auf die Johannismaurerei hin. Zudem ist Goethes Turmanbau von
Interesse, der von der Zerstörung soweit verschont blieb, daß einige schöne
Details erhalten sind. Der früher vom Dach aus begehbare Turm war zur Ostseite hin mit offenem Mauerwerk versehen, das von Streben und Maßwerk gefaßt war. Die erhaltenen Spitzbogengiebel schließen mit Steinrosetten in Form
von drei Pentagrammen ab.

Das Pentagramm, das aus den Diagonalen der Seiten eines Fünfecks gebildet
wird, wurde schon bei den Pythagoreern in der Funktion eines Erkennungszei-
chens genutzt und floß über die Kabbala in die christliche Tradition und Ikonographie ein.[141] In der freimaurerischen Baulegende wird das Pentagramm
in Verbindung mit dem Siegel des König Salomon gebracht, das auch auf dem
Grundstein des Tempels angebracht worden sei.[142] Im Jahr 1830 ließ Goethe ein
Pentagramm aus Flußkieselsteinen am Eingang seines Gartens legen (Abb. 22).
Eine Assoziation in Bezug auf Goethes Italienreise ist Leonardos Proportions-
studie nach Vitruv, die das Ebenmaß des menschlichen Körperbaus versinnbildlicht – der Homo quadratus im Fünfstern entspricht allerdings nur ungefähr
einem Pentagramm. Es ist das Bodenmosaik am Gartenhaus bisher noch nicht
hinsichtlich einer besonderen symbolischen Bedeutung untersucht worden,
wohl auch deshalb, da die Bezeichnung des Gartens ‚am Stern‘ zunächst in Bezug zu dem unweit davon gelegenen Wegeknotenpunkt zu setzen ist. Die Ausführung des fünfzackigen hellen Sterns auf dunklem Grund zeigt jedoch, daß
das Motiv eine darüber hinausgehende Bedeutung hat. Die maurerische Darstellung des Pentagramms zeigt meist einen Kreis mit einem ‚G‘ als Versalie in
der Mitte, dem Symbolbuchstaben für die Geometrie und den Weltarchitekten.

---

140  Ebd., S. 339–348, S. 347.
141  Ursula Terner: Freimaurerische Bildwelten, S. 61 (4.4.4 Pentagramm und der Flam-
     mende Stern mit dem Buchstaben „G").
142  LP [Artikel] Pentagramm oder Pentalpha.

Die kreisförmige Aussparung in der Mitte des Kieselmosaik-Sterns in Goethes Garten zeigt an, daß diese Bedeutung hierbei mitgedacht ist.

Daß das Pentagramm Goethe weithin beschäftigte, zeigt die mit dem Pakt verbundene Szene im *Faust* (1. Teil, 1808). Aus dem Zeichenbestand gnostischer Sekten übermittelt, wurde das Pentagramm im Mittelalter zum Zauberzeichen und Zeichen der Macht über die Elementargeister, deren Kräfte es zu binden vermag. So fiel dem Fünfstern auch eine Unheil abwendende Funktion zu.[143] In der Alchemie symbolisiert das Pentagramm zugleich das Chaos, das aus Feuer und Wasser entstand[144], für Zwecke der Schwarzen Magie wurde es auf die Spitze gestellt. So wurde auch Goethes Kieselstein-Pentagramm vom Eintritt her gelegt.[145]

In der *Faust*-Tragödie ist ein schlecht gezogenes Pentagramm an der Schwelle des Studierzimmers, das den anhänglichen Pudel nach dem Osterspaziergang zwar hinein, den hervortretenden Teufel aber nicht mehr heraus läßt, Ursache für den Pakt zwischen Faust und Mephisto. Faust verfällt durch die an dieser Stelle zutage tretenden „Rechte" der Hölle auf den Gedanken des Teufelsbündnertums:

„MEPH. Gesteh ich's nur! daß ich hinausspaziere,
Verbietet mir ein kleines Hindernis,
Der Drudenfuß auf eurer Schwelle –
FAUST. Das Pentagramma macht dir Pein?
Ei sage mir, du Sohn der Hölle,
Wenn das dich bannt, wie kamst du denn herein?
Wie ward ein solcher Geist betrogen?
MEPH. Beschaut es recht! Es ist nicht gut gezogen;
Der eine Winkel, der nach außen zu,
Ist, wie du siehst, ein wenig offen.
FAUST. Das hat der Zufall gut getroffen!
Und mein Gefangner wärst du denn?
Das ist von ungefähr gelungen!
MEPH. Der Pudel merkte nichts, als er hereingesprungen,
Die Sache sieht jetzt anders aus:

---

143   Manfred Lurker: [Artikel] Pentagramm. In: Ders. (Hrsg.): Wörterbuch der Symbolik. 5. erw. Aufl. 1991.[Artikel] Fünfstern, Fünfeck, Pentagramm. In: Marion Zerbst/ Werner Kafka: Seemanns Lexikon der Symbole. Hrsg. v. Rainer Dierkesmann. Leipzig 2010.

144   Ursula Terner: Freimaurerische Bildwelten, S. 60 (4.4.4 Pentagramm und der Flammende Stern mit dem Buchstaben „G").

145   [Artikel] Fünfstern, Fünfeck, Pentagramm. In: Marion Zerbst/Werner Kafka: Seemanns Lexikon der Symbole. Hrsg. v. Rainer Dierkesmann. Leipzig 2010.

Der Teufel kann nicht aus dem Haus.
FAUST Doch warum gehst du nicht durchs Fenster?
MEPH. 's ist ein Gesetz der Teufel und Gespenster:
Wo sie hereingeschlüpft, da müssen sie hinaus.
Das erste steht uns frei, beim zweiten sind wir Knechte.
FAUST. Die Hölle selbst hat ihre Rechte?
Das find' ich gut, da ließe sich ein Pakt,
Und sicher wohl, mit euch, ihr Herren, schließen?
MEPH. Was man verspricht, das sollst du rein genießen" (Faust I, V 1395–1517)[146]

Neben den drei Pentagrammen in der Ostfassade des Tempelherrenhauses ist weiter ein Fenster in Form eines Dreiecks (heute zugemauert) hinter dem Maßwerk von Interesse, sowie die rechts und links an der Basis angebrachten Stufenreliefs mit drei (nördlich) und vier (südlich) Absätzen. Ein weiteres Element mit freimaurerischer Symbolik ist die auf den nordöstlichen Wandpfeiler aufgesetzte Kugel.

Weiter verdienen die im Weimar-Führer beschriebene Tür und die Schnitzarbeiten Beachtung:

> „Am längsten aber fesselt das Auge des Wanderers die kunstvolle Arbeit der Hauptthüre. Ein wahres Denkmal altdeutschen Sinnes, der jeder ihrer Arbeiten eine fromme Bedeutung einzuverleiben wußte. – Denn wen mahnte nicht, hier in diese Verbindung gesetzt, der unverbrennliche Salamander, die unverwesliche Frucht der Cypresse, der Mohn als Blume und Frucht, an Tod und Ewigkeit! – "[147]

Die Beschreibung meint mit Haupttür das Portal des Turms. Im selben Zusammenhang wird die „wunderkünstlich durchbrochene Steinarbeit" am Turm beschrieben. Die Zusammenstellung der Motive Salamander, Zypresse und Mohn versteht die Autorin als Vanitasmotiv. Da nicht geklärt werden kann, ob das als Zypressen*frucht* beschriebene Motiv sachlich richtig erfaßt ist, seien die beiden anderen in den Blick gefaßt.

Der Salamander begegnet im *Faust,* im „Spruch der Viere" (V 1272), einer Beschwörung der Elementargeister aus „Salomonis Schlüssel" (V 1258).[148]

---

146 Zit. nach: HA, Bd. III: Goethe Faust. Der Tragödie erster und zweiter Teil. Urfaust. Textkritisch durchgesehen und kommentiert von Erich Trunz. 16., überarb. Aufl. 1996. S. 48–49.

147 Johanna la Goullon: Der Führer durch Weimar und dessen Umgebungen. Zum Nutzen der anwesenden Fremden und zur angenehmen Rückerinnerung für alle die, welche einst hier waren, S. 49.

148 Zit. nach: HA, Bd. III, S. 45.

„Salamander soll glühen,
Undene sich winden,
Sylphe verschwinden,
Kobold sich mühen.

Wer sie nicht kennte,
Die Elemente,
Ihre Kraft
Und Eigenschaft,
Wäre kein Meister
Über die Geister.

Verschwind in Flammen,
Salamander!
Rauschend fließe zusammen,
Undene!
Leucht in Meteoren-Schöne,
Sylphe!
Bring häusliche Hilfe,
Incubus! Incubus!
Tritt hervor und mache den Schluß"[149]

Neben Undine als Wassergeist, Sylphe als Luft und Kobold als Erdgeist ist der Salamander als Feuergeist ein Elementarwesen, das in der Form variiert. Unversehrt geht der Salamander aus dem Feuer hervor und gilt daher als Symbol der Wiedergeburt.

In der antiken Tradierung gehört er mit anderen Amphibien zum Gefolge der erdgebundenen Gottheiten. Eine solche chthonische Göttin ist Demeter mit ihrer Tochter Persephone, die ein Drittel des Jahres in der Unterwelt verbringen muß, damit den Lauf der Natur, Werden und Vergehen symbolisierend. Diese Bedeutung, auf die Endlichkeit des Menschenlebens bezogen und auf eine Fortsetzung im Jenseits ausgerichtet, stand im Zentrum der Mysterien zu Eleusis. Die antiken Mysterien, sei es der ägyptische Osiris-Kult oder die Isis-Mysterien, die Mysterien der Orphiker, der Dionysos- und der Mithraskult oder eben die Eleusinischen Mysterien, haben die Freimaurerei als Mysterienbund in der Symbolform nachhaltig beeinflußt. Zu einem solchen macht sie „ihr Initiationskult, des Suchenden symbolisches Wandern von Stufe zu Stufe (vergl. „Zauberflöte"), die Verbrüderungsidee, das Sehnen nach dem Licht, der Glaube an den Tod als andere, höhere Form des Lebens, das trostreiche Bekenntnis zur

---

149  Ebd.

geistigen Auferstehung [...]".[150] Doch im Gegensatz zu alten Mysterienkulten hält die Freimaurerei ein Humanitätsideal vor, das unmittelbar mit der Zeit ihrer Entstehung verflochten ist und dem Erkenntnisstreben der Aufklärung verpflichtet ist.

Die Eleusinischen Mysterien, die über ein Jahrtausend des Kultus umfassen, waren der meistbedeutende Geheimkult Griechenlands. Zwar konnte er in Teilen rekonstruiert werden, doch sind die genauen Abläufe und Inhalte bis heute nicht bekannt.[151] Von Sophokles ist überliefert, daß allein einem Einzuweihenden in den Kultus der Demeter durch das Mysterium „Sterben neues Leben" wurde.[152] Nach einem Bericht des Aischylos wurde Demeter in ihrem Heiligtum in Delphi unter dem Namen *Die Drei* verehrt, da sie sich in der Dreizahl zeigt: als junges Mädchen, als Mutter und altes Weib, sinnbildlich für das grüne Getreide, reife Ähren und den geernteten Weizen. Eine der ältesten literarischen Quellen ist der *Homerische Hymnos II, An Demeter* (um 700 v. Chr.). Wenig ist über das Arkanum bekannt geworden, doch wußte man von dem Hauptfest, daß Ferkel, Schlangen und Pinienzapfen in die Höhle der Demeter geworfen wurden.[153] Ein Symbol des Demeter-Kultes ist der Mohn: „Mohnkapseln erscheinen unter den

---

150  LP [Artikel] Mysterienform.

151  HED [Artikel] Ceres: „Die Eleusinia majora zu Eleusis, einem kleinen Orte unfern von Athen, welche ganze neun Tage währeten, des Abends bey angezündeten Fackeln, allein von geweiheten Personen, Jungfern und ehelichen Frauen, mit solcher Verschwiegenheit begangen wurden, daß auch bey Lebensstrafe von dessen Geheimnissen nichts ausgeschwatzet werden durfte. Alex. ab Alex. lib. VI. c. 19. & ad eum Tiraquellus. Spanh. ad Callim. Hymn. in Cerer. v. 1. Man nannte es daher auch vorzüglich die Mysterien oder Geheimnisse, und feyerte es in dem Monate Boedromion, der ungefähr in unsern August traf. Jedoch wurde dieses Fest von den Atheniensern nur alle fünf Jahre [...] begangen."
Eine der wichtigsten nachantiken Quellen zu den Eleusinischen Mysterien ist Johannes Meursius: Eleusinia sive de Cereris Elcusiniae scro, adfesto liber singularis. Leiden 1619. Neuere Literatur: George E. Mylonas: Eleusis and the eleusia Mysteriens. Princeton 1974. Hans Kloft: Mysterienkulte der Antike – Götter, Menschen, Rituale. München 2006.

152  LP [Artikel] Mysterienform.

153  „Sicher ist nur, daß die Riten und Symbole (ungewiß, was im Schrein der Demeter war: Ähre, Phallus oder Mutterschoß) auf Abstieg und Wiederkehr aus der Unterwelt hingedeutet haben und daß die Mysten hofften, mit Hilfe der Demeter durch den Tod in ein neues Leben geboren zu werden." Manfred Lurker: [Artikel] Demeter. In: Ders.: Wörterbuch der Symbolik. 5. erw. Aufl. Stuttgart 1991.

Symbolen, die auf die Eleusinischen Mysterien hinweisen."[154] Ein Mohnkranz ist auch das Attribut der Persephone: „Ihren Kopf sieht man auf verschiedenen sicilianischen, sonderlich cyzicenischen Münzen, mit Aehren und Mohnblättern bekränzet. Buonarotti Osserv. sop. alc. Medagl. p. 73."[155] Während der großen Mysterien wurde den Aufzunehmenden wohl Mohnsaft als kultisches Getränk mit sedierender oder halluzinogener Wirkung gereicht. Die Darstellung von Salamander, Mohn und Mohnkapsel am Portal des Tempelherrenhauses weist also nicht allein auf die Fruchtbarkeitsgöttin als solche, sondern auch auf den ihr geweihten Kultus hin.

Nach all dem läßt sich über das Tempelherrenhaus sagen, daß es im Rahmen des umrissenen Bauprogramms ein Bindeglied zwischen der Parkarchitektur der ersten Weimarer Zeit und dem später erbauten Römischen Haus darstellt. Auch das Tempelherrenhaus weist Merkmale eines Versammlungsortes für Freimaurer auf. Hervorstechende masonische Bauelemente sind die Pentagramme im Maßwerk, das Dreiecksfenster im Turm, die Trompe-l'œuil-Fenster zum Norden hin. Da aus dem Norden kein Licht kommt, haben Logenräume in dieser Himmelsrichtung oft keine Fenster. Weiter ist die Tempelherrenthematik interessant, die im Zusammenhang mit Goethes Epen-Fragment steht. Außerdem ist sie beziehbar auf die Templersagen im Kontext masonischer Legendenbildung und auf Riten der Hochgradmaurerei vor dem Hintergrund des Rosenkreuzertums. Eine weitreichende Symbolverbindung ergibt sich aus den Hinweisen zum Demeter-Kult am Portal des Tempelherrenhauses (Salamander, Mohn).

## Zum Demeter-Stoff in der Dichtung Goethes und Schillers

Im Zusammenhang mit dem zentralen Motiv der Demeter ist nach Verbindungen in der Dichtung zu suchen, die einen weitergehenden Verfolg des Themas belegen. Goethe hat sich früh mit dem Stoff beschäftigt und das kleine Monodrama *Proserpina* in das Stück *Triumph der Empfindsamkeit* (1778/79 u. 1787) eingefügt, zu einer Zeit also, in der er das Symbolprogramm zu entwickeln begann. Zwei Jahrzehnte später greift Schiller den Stoff auf und führt ihn in dem Langgedicht *Das Eleusische Fest* (1798/1799) auf einen sprachlich-ästhetischen Gipfelpunkt der Weimarer Klassik. Im Gedicht wird Ceres (Demeter) als „Königin", als der „Bezähmerin wilder Sitten", eingangs mit einem hymnischen Imperativ gehuldigt:

154   Manfred Lurker: [Artikel] Mohn. In: Ders. (Hrsg.): Wörterbuch der Symbolik. 5. erw. Aufl. Stuttgart 1991.
155   HED [Artikel] Proserpina.

„Windet zum Kranze die goldenen Ähren,
Flechtet auch blaue Cyanen hinein,
Freude soll jedes Auge verklären,
Denn die Königin ziehet ein,
Die Bezähmerin wilder Sitten,
Die den Menschen zum Menschen gesellt
Und in friedliche feste Hütten
Wandelte das bewegliche Zelt."[156] (V 1–8)

Über 27 Strophen gestaltet Schiller den Demeter-Mythos, die Entwicklung des Kultus und den Bau des ersten Tempels. Demeter verbietet rohe Blutopfer und bringt den Menschen den Ackerbau:

„Aber schaudernd, mit Entsetzen
Wendet sie sich weg und spricht:
»Blutge Tigermahle netzen
Eines Gottes Lippen nicht.
Reine Opfer will er haben,
Früchte, die der Herbst beschert,
Mit des Feldes frommen Gaben
Wird der Heilige verehrt«

Und sie nimmt die Wucht des Speeres
Aus des Jägers rauher Hand,
Mit dem Schaft des Mordgewehres
Furchet sie den leichten Sand,
Nimmt von ihres Kranzes Spitze
Einen Kern, mit Kraft gefüllt,
Senkt ihn zart in eine Ritze,
Und der Trieb des Keimes schwillt.

Und mit grünen Halmen schmücket
Sich der Boden alsobald,
Und so weit das Auge blicket,
Wogt es wie ein goldner Wald. […]"[157] (V 65–84)

Schillers Dichtung vollzieht die große Bewegung der Menschheitsentwicklung, von den Nomadenvölkern zu seßhaften Gesellschaften und deren Ausgang vom Ackerbau als Beginn aller Kultur. Das Interesse des Dichters an der Entwicklung menschlicher Gesellung und Sitten ist eminent, zeigt sich auch an anderen Stellen

---

156  Das Eleusische Fest. Zit. nach: Friedrich Schiller Sämtliche Werke. 1. Bd. Gedichte – Dramen I. 8., durchgesehene Auflage 1987 München, S. 194–200; S. 194.
157  Ebd., S. 196.

seines Werks, etwa im parallel dazu entstandenen *Lied von der Glocke* (1799). Der Titel, unter dem das *Das Eleusische Fest* zuerst 1799 im *Musenalmanach* veröffentlicht wurde, *Bürgerlied*, könnte ebenso *Das Lied von der Glocke* übertiteln. Das thematisch Verbindende über diesen ersten Titel zeigt sich im Motiv-Vergleich. So greift Schiller auch im *Lied von der Glocke* auf den Demeter-Mythos zurück, führt ihn dort im Zusammenhang mit der Unsicherheit menschlichen Lebens auf. Das Bild des Sämanns beim Kornanbau wird in Vergleich gebracht mit der Bestattung des toten Körpers in der Erde im Hinblick auf eine Wiederauferstehung. Damit wird die Verbindung zum Persephone-Stoff hergestellt:

„Dem dunklen Schoß der heiligen Erde
Vertrauen wir der Hände Tat.
Vertraut der Sämann seine Saat
Und hofft, daß sie entkeimen werde
Zum Segen, nach des Himmels Rat.

Noch köstlicheren Samen bergen
Wir trauernd in der Erde Schoß
Und hoffen, daß er aus den Särgen
Erblühen soll zu schönerm Los"[158] (V 235–243)

An einer späteren Stelle wird Demeter als Urheberin der Seßhaftigkeit und Sittenstifterin angerufen:

„Heilge Ordnung, segenreiche
Himmeltochter, die das Gleiche
Frei und leicht und freudig bindet,
Die der Städte Bau gegründet,
Die herein von den Gefilden
Rief den ungeselligen Wilden,
Eintrat in der Menschen Hütten,
Sie gewöhnt zu sanften Sitten "[159] (V 301–310)

Zudem interessiert hier der Götterkatalog, der genau jene Namen umfaßt, die auch im Bildprogramm des Römischen Hauses aufgenommen sind, nämlich Zeus (Strophe 12–13; Blaues Zimmer), Themis/Nemesis (Str. 15; Giebelfeld, 1. Fassung), Hephaistos (Str. 16, Östlicher Durchgang), Minerva (Str. 16–17; Giebelfeld, 2. Version), Poseidon (Str. 19–20; Östlicher Durchgang), Hermes (Str. 20; Blaues Zimmer), Apoll als Apollon Musagetes (Str. 21, Östlicher Durchgang), sowie

---

158 Das Lied von der Glocke. In: Friedrich Schiller Sämtliche Werke. 1. Bd. Gedichte – Dramen I. 8., durchgesehene Auflage 1987 München, S. 429–442; S. 436.
159 Ebd., S. 438.

76

Kybele (Str. 22; Östlicher Durchgang), der die Römer als Fruchtbarkeitsgöttin mit einem ekstatischen Kult huldigten.

Da diese motivlich-thematische Kongruenz sich kaum zufällig ergeben haben kann, ist das *Eleusische Fest* als ein Zeugnis des engen geistigen Austauschs zu werten und Hinweis darauf, wie tief Goethe Schiller in die gedankliche Durcharbeitung des Gegenstandes und seiner Bedeutung einweihte. Und so ist das *Das Eleusische Fest* als Schillers dichterischer Beitrag zu Goethes großem Entwurf zu verstehen. Im Briefwechsel zwischen Goethe und Schiller wird das Gedicht in Briefen vom August 1798 mehrfach thematisiert. In diesem Zusammenhang sind die Gedichte *Das Ideal und das Leben* (1795) und *Klage der Ceres* (1797) weitere Belege für Schillers eingehende Beschäftigung mit dem Stoff.

Goethe selbst hat den Demeter-Stoff mit seinen Implikaten von Werden und Vergehen in die *Faust*-Dichtung aufgenommen und an den Anfang des ersten sowie den Schluß des zweiten Teils (*Fünfter Akt, Bergschluchten*) gestellt. Nach der Enthüllung von Mephistos wahrem Wesen sagt jener schon im *Studierzimmer* über die „Tier- und Menschenbrut": „dem ist nun gar nichts anzuhaben: / Wie viele hab' ich schon begraben! / Und immer zirkuliert ein neues frisches Blut." (V 1369–1372), denn „Der Luft, dem Wasser, wie der Erden / Entwinden tausend Keime sich" (V 1374–1375), dem der Teufel mit seinen Mitteln jedoch nichts grundlegend entgegenzusetzen hat. Er kann zwar einzelnes Leben zerstören, den Lebenszusammenhang aber nicht vollends vernichten. Die Erde in ihrer Ganzheit bringt das Leben immer wieder hevor, Demeter und Persephone stehen allegorisch für die ewige Natur, ihre Mythe ist die aitiologische Erzählung der Alten zum Urprinzip des Lebens. Der Schlußstein des *Faust* ist somit nichts weniger als die letztmalige Formung dieser Idee einer als weiblich bestimmten Lebenskraft, in den Versen des *Chorus Mysticus*:

> „Alles Vergängliche
> Ist nur ein Gleichnis;
> Das Unzulängliche,
> Hier wird's Ereignis;
> Das Unbeschreibliche,
> Hier ist's getan;
> Das Ewig-Weibliche
> Zieht uns hinan." (V12104-11)

Gemeinhin wird der Schlußchor des *Faust* mit marianologischen Motiven in den Zusammenhang der Mystik gestellt. Diese Deutung war insofern naheliegend, als der Stoff durch die Figurenkonstellation Gott-Teufel-Teufelsbündner vorgegeben ist und im christlichen Rahmen steht. Goethe war aber kein Christ und wollte keinen ausdrücklich christlichen Schluß seiner Dichtung, wenn auch

„die scharf umrissenen christlich-kirchlichen Figuren und Vorstellungen eine wohltätig beschränkende Form und Festigkeit gegeben" hätten. Er betonte jedoch, das Ende des *Faust* sei „sehr schwer zu machen" gewesen (Gespräche mit Eckermann, 6. Juni 1831).[160]

Wir versuchen im gegebenen Kontext eine neue Deutung des *Faust*-Endes. Die Zuschreibung des Schlußchores als *Chorus Mysticus* lenkt auf die Mysterien hin, auf einen Bereich, der über die Verstandesebene hinausgeht. Es geht um das ‚Unbeschreibliche', von dem nur gleichnishaft erzählt werden kann. Der Schluß des *Faust* handelt nicht von der Liebesthematik im besonderen oder allgemeinen, nicht vom längst vergessenen Gretchen oder einem Helena-Ideal, auch nicht von einer Marien- oder Gottesliebe. Es ist vielmehr die Aussicht einer Mysterien-Schau und eines Weiterlebens nach dem Tode, wie es zu Eleusis den Adepten versprochen wurde. Goethe ließ die *Faust*-Tragödie mit Blick auf die „Jungfrau, Mutter, Königin" (V 12102-3) enden, die zuvor angerufen wird. Zwar scheint sich dies zunächst auf Maria zu beziehen, da aber auch von der „Göttin" gesprochen wird, einer dem monotheistischen Glauben zuwiderlaufenden Zuschreibung, vollzieht sich genau hier die Wende zur antiken Glaubenswelt und der ‚dreifachen' Göttin Demeter, die als Kore (Jungfrau), Mutter und alte Frau erscheint. Das „Ewig-Weibliche" ist eben genau dies, daß die Wiederkehr des Lebens im Bild der Wiedergeburt gefaßt, ein als weiblich verstandenes Naturprinzip ist. Und insofern zieht es alles Leben, die Menschheit, kurz, „Uns", „hinan", aus der Dunkelheit zum Licht, gleichbedeutend mit dem Fortgang des Lebens. Erst mit dieser bedeutenden Hinwendung zum Mysterium konnte Goethe das große „FINIS." unter die *Faust*-Dichtung setzen.

Dem Freimaurer Carl Friedrich Zelter (1758–1832), einem der führenden Freimaurer in Berlin und Duzfreund Goethes, widmete Goethe den Logengesang *Zelters siebzigster Geburtstag gefeiert von Bauenden, Dichtenden, Singenden*. In einem Brief an ihn hat Goethe seine Hoffnung auf eine Fortwirkung nach dem Tode, die er nicht in einem christlichen Heilsgedanken aufhob, so gefaßt: „Wirken wir fort, bis wir, vor oder nach einander, vom Weltgeist berufen, in den Äther zurückkehren! Möge dann der ewig Lebendige [d.i. der Weltgeist] uns neue Tätigkeiten, denen analog, in welchen wir uns schon erprobt, nicht versagen."[161]

---

160 Goethes Gespräche mit Johann Peter Eckermann. Neu herausgegeben und eingeleitet v. Franz Deibel. 2 Bde. Leipzig 1908, 2. Bd., S. 327.
161 HA, Bd. II, S. 730.

*Abb. 20: Tempelherrenhaus (1786/88), heutiger Zustand*

*Abb. 21: Tempelherrenhaus, historische Ansicht*

*Abb. 22: Kieselmosaik bei Goethes Gartenhaus (1830)*

## Die Herzogliche Bibliothek und der Bibliotheksturm

Die Themenstellung der Untersuchung warf die Frage auf, inwiefern Goethes Mitwirkung an weiteren Bauprojekten mit dem masonischen Programm in Verbindung steht. So wiesen die Ergebnisse verschiedentlich über den Park hinaus, etwa vom Tempelherrenhaus zur Herzoglichen Bibliothek. Zur Erfassung der Bibliothek sind markante Ereignisse miteinzubeziehen, die Feier zu Goethes 50. Dienstjubiläum (7. November 1825) und die Aufnahme von Schillers Schädel 1826. Betrachten wir zunächst den Bau und Bestand mit ihren freimaurerischen Einschlüssen.

1797 übernahm Goethe die Oberaufsicht der Herzoglichen Bibliothek. In dieser Funktion begründete er in den Jahren bis zu seinem Tod eine neue Ära dieses zentralen Ortes im geistigen Koordinatensystem von Weimar. Auf Goethe geht die immense Vergrößerung der Bibliothek zurück, damit die Bestrebungen der Regierungszeit Anna Amalias weiterführend. So umfaßte der Bestand bei Goethes Amtsantritt etwa 60 Tausend Bände und wuchs bis 1832 auf mehr als das Doppelte, ungefähr 132 Tausend Bände, an. Alle Veränderungen, die Bibliotheks- und Nutzungsverordnungen betreffend, Neuerungen zur Katalogisierung, die Förderung der Bibliothek als Stätte wissenschaftlichen Arbeitens, Entleihrecht sogar für Gymnasiasten, sind Ergebnis von Goethes über Jahre hinweg verfolgten Plänen. Dem ist auch der Ausbau und die künstlerische Ausstattung der Bibliothek zuzurechnen. Goethe war es auch, der über seinen Tod hinaus die Personalpolitik der Bibliothek bestimmte (Christian August Vulpius, Friedrich Wilhelm Riemer, Friedrich Theodor Kräuter).[162]

In den Jahren 1821 bis 1825 wurde der aus dem 15. Jahrhundert stammende Turm der Stadtmauer mit der Bibliothek verbunden und so um eine Abteilung erweitert. (Abb. 23) Diese Verbindung war erst durch den Zwischenbau von 1803–1804 möglich geworden, dessen Goethe sich in Zusammenarbeit mit dem Architekten Heinrich Gentz angenommen hatte. Dies belegt ein Brief vom 15. Juni 1803, worin Goethe eine Zeichnung für die „kleine Fassade der Bibliothek"[163] ankündigt und ein Memorandum, das den Anbau zwischen dem

---

162   Einen Überblick über die Bibliotheksgeschichte gibt Miriam von Gehren: Die Herzogin Anna Amalia Bibliothek in Weimar: Zur Baugeschichte im Zeitalter der Aufklärung. Köln u.a. 2013. Zum Bibliotheksturm hier insbesondere Kapitel 3.3.3, S. 138 ff. Zur Erfassung des historischen Bestandes: Konrad Kratzsch u. Siegfried Seifert (Hrsg.): Historische Bestände der Anna Amalia Bibliothek zu Weimar. Beiträge zu ihrer Geschichte und Erschließung. München 1992.
163   Zit. nach: Alfred Jericke u. Dieter Dolgner: Der Klassizismus in der Baugeschichte Weimars. Weimar, S. 171.

alten Bibliotheksgebäude und dem Turm empfahl.[164] Bei der späteren Verbindung mit dem Zwischengebäude erhielt der Bibliotheksturm einen separaten Eingang von der Straße aus. Der Sockel wurde in gotisierender Formensprache gestaltet und wie am Tempelherrenhaus mit einem Abschluß von Kreuzlilien versehen. Wie bei diesem erhielt der Eingang einen kannelierten Türrahmen mit Spitzbogen und eine geschnitzte Holztür mit der Inschrift „Bibliothek". Die architektonischen Schmuckelemente verbinden den Bibliotheksturm offensichtlich mit dem Tempelherrenhaus in formsprachlicher Einheit, so daß es erstaunt, dies bei der bisherigen Erschließung nicht erwähnt zu finden. M. von Gehren betont gar, daß für die Gestaltung des Eingangs zum Bibliotheksturm eine neue Formensprache erdacht wurde, die in Weimar ohne Vorbilder sei.[165]

Im Erscheinungsbild des Turms fällt auf, daß außer zur Süd-, Süd-Ost- und zur Ostseite keine Fenster eingefügt sind, während Richtung Westen lediglich eine Tür auf Höhe der zweiten Ebene eingefügt wurde. Zur Tür konnte man vom über eine gewundene Treppe gelangen (nicht erhalten). In der dritten Ebene wurde Richtung Osten ein Balkon angebaut. Das Dach des Turms bildet eine zwölfseitige Laterne, deren Fenster nach Außen hin viereckig, von innen rund angelegt sind. Das Herzstück der Innenausstattung aber ist eine Wendeltreppe mit drei Windungen aus dem 17. Jahrhundert, deren Spindel aus einem Stück gearbeitet ist. Obwohl mit dieser Rarität der Kunsttischlerei eine Lokalsage aus der Osterburg/Weida verbunden ist, wurde sie dort abgebrochen und in den Bücherturm eingebracht. Mit dem Ausblick nach Osten und der Wendeltreppe nimmt die Turmgestaltung masonische Symbole auf. Auch im Hauptgebäude der Bibliothek finden sich Hinweise auf eine Verbindung mit dem masonischen Programm, hervorstechend etwa die Plazierung von Meyers *Genius* an prominenter Stelle im Bibliothekssaal.

Der Sammlungsbestand für den Turm wurde mit Sorgfalt zusammengestellt. Zahlreiche Briefe Goethes zeugen vom Auswahlprozeß für den Turmbestand. Friedrich Theodor Kräuter erfaßte den Bestand in drei Katalogbänden: *Verzeichniss der im Bibliothek-Thurm aufgestellten naturhistorischen, physicalischen, ethnographischen, historischen, archaeologischen, artistischen und technologischen Werke: Am Schluss desselben ein Resumé der kostbarsten Kupferwerke, bemerkenswethesten Handzeichnungen und Seltenheiten* (Weimar 1831). Im Turm wurde auch die Globensammlung Carl Augusts aufgestellt, außerdem die

---

164  Ebd.
165  Miriam von Gehren: Die Herzogin Anna Amalia Bibliothek in Weimar: Zur Baugeschichte im Zeitalter der Aufklärung. Köln u.a. 2013, S. 140.

Münz-, Medaillen-, Kartensammlungen aufbewahrt. Der Herzog nahm an der Entstehung und Ausstattung der Turmbibliothek regen Anteil, machte seinerseits Vorschläge zur Ausstattung, etwa die Heizung betreffend, und ließ vielmals Exponate von Goethe für die Aufnahme prüfen. So ist der Turmbestand als besonderes Wissensarchiv seiner Zeit anzusehen und gleichzeitig ein Gemeinschaftswerk Goethes und Carl Augusts.

## Exkurs: Zeremonien um Schillers Schädel

Totenschädel haben in der Freimaurerei eine besondere Bedeutung zunächst als bildlich-symbolische Darstellung, etwa auf Arbeitsteppichen, worauf ein Schädel mit gekreuzten Knochen dargestellt sein kann. Im Ritus spielen diese Darstellungen als memento mori, als Vergegenwärtigung der eigenen Sterblichkeit eine Rolle und sind Voraussetzung für die Meistererhebung. Der Totenschädel gehört zur Ausstattung der Dunklen Kammer. Und so wurden Schädel und ganze Skelette in Logenräumen aufbewahrt. Für die Neueröffnung der Loge Amalia soll Goethe 1808 selbst ein Skelett aus der Jenenser Anatomie besorgt haben.[166]

Wenden wir uns nun den Ereignissen in der Bibliothek zu. Die sogenannte Niederlegung von Schillers Schädel fand am 17. September 1826 in der Herzoglichen Bibliothek nach umfangreichen Vorbereitungen statt, denen die Suche danach im März 1826 im Kassengewölbe auf dem Jakobskirchhof vorausgegangen war.[167] Goethe identifizierte unter Hinzuziehung zweier Anatomen einen von 23 Schädeln als den Schillers. Die Zeremonie in der Bibliothek sah vor, daß Schillers Schädel und Gebeine in einem Postament eingeschlossen wurde, auf dem Johann Heinrich Danneckers Schillerbüste plaziert war. Den Schlüssel zu dem Schrank erhielt Goethe, wie auch später den zu Schillers Sarg. Der eigentlichen Zeremonie blieb Goethe fern, weil ihm die breitgestreuten Einladungen durch den Bürgermeister Schwabe nicht paßten (An Boisserée, 10. November 1826), vertreten ließ er sich von seinem Sohn August (1789–1830, Aufnahme in die

---

166  Andreas Berger u. Klaus-Jürgen Grün: Geheime Gesellschaft. Weimar und die deutsche Freimaurerei. Katalog zur Ausstellung der Stiftung Weimarer Klassik im Schiller-Museum Weimar 21. Juni bis 31. Dezember 2002. München 2002, S. 222 (Abteilung 7: Reformen und Neubeginn um 1800).

167  Ohne auf den umfangreichen Diskurs um dessen Authentizität eingehen zu wollen, sei verwiesen auf: Albrecht Schöne: Schillers Schädel. München 2002. Jonas Maatsch u. Christoph Schmälzle (Hrsg.): Schillers Schädel. Physiognomie einer fixen Idee. Göttingen 2009. (Begleitband zur Ausstellung im Schiller-Museum Weimar, September 2009 bis Januar 2010).

Loge Amalia 1815, er vertrat seinen Vater vielfach und berichtete ihm aus der Loge). Dem Ereignis ging zwei Abende zuvor eine Versammlung der Weimarer Loge voraus. Dieses Treffen ist bisher nicht mit der Schädelzeremonie in Zusammenhang gebracht worden, da es auch die erste Loge nach des Prinzen Bernhards Rückkehr aus Amerika (Herzog Carl Bernhard von Sachsen-Weimar-Eisenach, 1792–1862, Aufnahme in die Loge Amalia 1809) als Fest für den *Glücklich bereichert Wiederkehrenden* gedacht war (Eingangszeile von Goethes Gedicht). Goethe hält im Anschluß an Notate über die Vorbereitungen zur Schädelniederlegung im Tagebuch fest: „Dazu kam Herr Kanzler v. Müller, wegen den Gedichten und Reden zur morgenden Loge"[168], am Freitag, den 15. September bittet er Kanzler Friedrich von Müller (1779–1849, 1809 Aufnahme in die Loge Amalia unter Mitwirkung Goethes) um einige Exemplare des heute von Sohn August vorzutragenden Gedichts, „sodann aber um gefällige Abschrift des Gebetes, um, wenn schon entfernt, darin andächtig einzustimmen"[169] Ein Logengebet kann unterschiedlich veranlaßt sein, so werden etwa im angelsächsischen Ritus Freimaurergebete zur Eröffnung gesprochen. Im Zusammenhang mit dem Gebet in der Loge Amalia an jenem Abend stellt sich jedoch die Frage, weshalb Goethe um dessen Abschrift bat. Wäre der Text bekannt gewesen, hätte Goethe nicht danach gefragt, und weiter, warum er darin in Abwesenheit „andächtig einzustimmen" gedachte. Da er bereits das Gedicht für Bernhard verfaßt und Anteil an dessen Reise genommen hatte, war das Ereignis dieser Wiederkehr aus Goethes Sicht ausreichend gewürdigt. Hier liegt der Schluß nahe, daß das Gebet eine andere Bedeutung gehabt hat. Die Merkwürdigkeiten lassen sich unter der Annahme erklären, daß die Weimarer Freimaurer an diesem Abend eine postume Trauerloge für Schiller abhielten. Denn dies würde die Wortwahl Goethes erklären, „andächtig" in das Gebet einstimmen zu wollen, im Sinne einer kontemplativen Versenkung in einem spirituellen Zusammenhang, weiter auch im Sinne von Andenken. Und es ist nicht zufällig, daß Goethe in den *Terzinen*, die wenige Tage danach beim Anblick des Schädels entstanden, das Adverb nochmals verwendet:

„Dich höchsten Schatz aus Moder fromm entwendend
Und in die freie Luft, zu freiem Sinnen,
zum Sonnenlicht andächtig hin mich wendend!" (V 28–30)[170]

---

168  Zit. nach: GTzT, Bd. VII, 1821–1827; S. 657.
169  Ebd.
170  MA, Bd. 13.1, S. 189.

Bei einer Trauerloge wird ein Verstorbener nochmals symbolisch in die Bruderkette aufgenommen, im Falle Schillers vielleicht auch im Sinne einer nachträglichen Aufnahme. Die Frage nach Schillers Zugehörigkeit zur Maurerei ist oft gestellt wie verneint worden, doch gibt es auch Hinweise darauf, daß Schiller schon früh von der Rudolstätter Loge aufgenommen worden war.[171] Von ihm selbst gibt es keine Äußerungen dazu, doch Briefe an seinen Freund Gottfried Christian Körner (1756–1831, 1777 Aufnahme in die Leipziger Loge *Minerva*, ab 1813 *Zu den drei Schwertern*, Dresden), enthalten einen Austausch über den Freimaurerbund. Themen, die mit masonischem Gedankengut korrespondieren, finden sich in Schillers Werk vielfach. So ist die Verwendung von entsprechenden Symbolbildern besonders ausgeprägt im Lied *An die Freude* (1785) zu entdecken, im Aufbau zeitgenössischen Logenliedern ähnlich. Schiller hat hier die Idee der menschlichen Bruderkette und die eines besonderen Bundes besonders erhebend formuliert:

„Seid umschlungen Millionen! / Diesen Kuß der ganzen Welt! / Brüder – überm Sternenzelt / Muß ein lieber Vater wohnen." (V 8–12)[172] und

„Schließt den heiligen Zirkel dichter, Schwört bei diesem goldenen Wein: / Dem Gelübde treu zu sein, / Schwört es bei dem Sternenrichter!" (V 93–96).[173]

Die These von einer Logenzeremonie um Schillers Schädel gründet auf einer Briefzeile Goethes an Sulpiz Boisserée (1783–1854, unter seinen Schriften *Über die Beschreibung des Tempels des heiligen Grals*, 1835, eingehende Beschäftigung mit dem Bauhüttenwesen), worin es heißt: „Von einer merkwürdigen, beinahe geheimen Feier zu Schillers Andenken nächstens das Mehrere. Einiges darüber wird schon im Publikum verlauten; wie es aber eigentlich zusammenhängt, ist nicht leicht zu erforschen." (An Boisserée, 15. September 1826).[174] Es fällt weiter ins Auge, daß die Symbolfarbe Blau fast durchgehend verwendet wurde. So war der Schädel bei der Übergabe in der Bibliothek in blaues Papier eingehüllt: „Der Schillersche Sohn übergab mittelst einer angemessenen kurzen Rede den in blaues Papier eingehüllten, versiegelten Schädel seines verstorbenen Vaters".[175] Hellblau ausgeschlagen

---

171   LP [Artikel] Schiller, Friedrich.

172   An die Freude. In: Friedrich Schiller Sämtliche Werke. 1. Bd. Gedichte – Dramen I. 8., durchgesehene Auflage 1987 München, S. 133–136; S. 133.

173   Ebd., S. 136.

174   Zit. nach: Max Hecker: Schillers Tod und Bestattung. Nach den Zeugnissen der Zeit im Auftrag der Goethe-Gesellschaft. Leipzig 1935, S. 176.

175   Aus der „Niederschrift des Oberkonsistorialdirektors Peucer über die Feier der Schädelniederlegung", gez. Peucer, Großherzoglicher Oberkonsistorialdirektor, Ritter

war die Kiste, worin die als Schillers Skelett erkannten Überreste verwahrt wurden, wie eine Rechnung ausweist: „die Firma J. C. Ohder am 27. September 4 Taler 10 Groschen 6 Pfennig für 13 Ellen hellblau Merino"[176] Auch das Kissen unter dem Glassturz in Goethes Haus (wohin der Schädel bald wieder gebracht wurde) war blau, wie aus einem Brief Wilhelm von Humboldts hervorgeht: „Jetzt liegt er auf einem blausamtenen Kissen, und es ist ein gläsernes Gefäß darüber, das man aber abnehmen kann."[177] (An Caroline von Humboldt, 29. Dezember 1826).

Die Überführung der Schillerschen Gebeine zur Fürstengruft am 16. Dezember 1827 läßt in manchem Detail masonische Züge erkennen. Angefangen bei der Standortwahl für den Sarg, dem eine gemeinsame Begehung der Gruft von Goethe, Coudray und Kanzler Friedrich von Müller (1779–1849, 1809 Aufnahme in die Loge Amalia unter Mitwirkung Goethes. Müller hielt Goethes Gedächtnisrede in der Loge und war dessen Testamentverwalter) vorausging:

> „Nach dem Wechsel verschiedener Ansichten wurde das Quadrat, welches der Pfeiler gegenüber dem unteren Eingange in die Gruft mit der Mauerwand gegen Mittag und Morgen bildet, zu dem gedachten Zwecke am passendsten gefunden und dazu bestimmt." (Aus dem Bericht des Hofsekretärs Zwierlein)[178]

Bei der Überführung von der Bibliothek begleiteten sechs „für die Bibliothek arbeitende Meister und Bürger" (aus dem Bericht Th. Kräuters)[179] den Sarg dieses Meisters des Worts:

> „Der Sarkophag wurde von sechs gewöhnlichen Leichenträgern getragen und umgeben von dem Tischlermeister Fleischhauer, Schlossermeister Neuß jun., Glasermeister Gloß, Klempnermeister Spindler, Töpfermeister Engelmann und Hofbuchbinder Müller, welche

---

des Falkenordens. Zit. nach: Max Hecker: Schillers Tod und Bestattung. Nach den Zeugnissen der Zeit im Auftrag der Goethe-Gesellschaft. Leipzig 1935, S. 153–155; S. 154.

176 Aus den „Belegen zur Rechnung über die Kasse der Großherzoglichen Oberaufsicht über alle unmittelbare Anstalten für Wissenschaft und Kunst vom 1. April 1826 bis dahin 1827" Zit. nach: Max Hecker: Schillers Tod und Bestattung. Nach den Zeugnissen der Zeit im Auftrag der Goethe-Gesellschaft. Leipzig 1935, S. 169.

177 Zit. nach: Theodor Kappstein (Hrsg.): Wilhelm von Humboldt im Verkehr mit seinen Freunden. Eine Auslese seiner Briefe. Bremen 2011, S. 281.

178 Aus dem Bericht des Hofsekretärs Zwierlein über die für Schillers Sarg ausersehene Stelle in der Fürstengruft. Zit. nach: Max Hecker: Schillers Tod und Bestattung. Nach den Zeugnissen der Zeit im Auftrag der Goethe-Gesellschaft. Leipzig 1935, S. 218.

179 Aus dem Bericht Kräuters über die Beförderung des Sarges zur Fürstengruft. Zit. nach: Max Hecker: Schillers Tod und Bestattung. Nach den Zeugnissen der Zeit im Auftrag der Goethe-Gesellschaft. Leipzig 1935, S. 222.

Laternen trugen.[…] Vor dem Eingange der Gruft niedergestellt, wurde der Sarg von den obengenannten Gewerken und Hofbuchbinder Müller die Stufen hinauf in die Kapelle getragen. […] Der Sarkophag wurde von den mehr erwähnten Gewerken aus der Kapelle über die Treppe in die Gruft getragen. […] und der Sarkophag, das Gesicht gegen Sonnenaufgang, auf dieselben gestellt."[180]

In diesem Zusammenhang ist bisher nicht aufmerksam genug der Frage nachgegangen worden, warum überhaupt der Kultus speziell um den Schädel entstand, weshalb dies für den ansonsten von der Friedhofsthematik abgewandten Goethe von so großer Bedeutung war, warum er ihn überhaupt solange bei sich im Hause behielt[181] – nämlich vom 24. September 1826 bis Ende August 1827 – lange noch nach Abfassung der *Terzinen* mit den Eingangsversen „Im ernsten Beinhaus wars, wo ich beschaute, wie Schädel Schädeln angeordnet paßten"[182], jenem Gedicht, das Goethe zuerst mit der Zeile *Zum Siebzehnten September 1826* überschrieb. In Goethes Ausgabe letzter Hand beschließt das Gedicht den 23. Band. Die letztgültige Anordnung erweckt den Eindruck, daß das Gedicht damit den eigentlichen Schluß der *Wilhelm Meister*-Dichtung bildet, auf die Spruchweisheiten *Aus Makariens Archiv* folgend. Weil aber eine andere Type für den Satz des Gedichts gewählt wurde, nämlich Antiqua statt Fraktur, hat dies zu der Annahme geführt, Goethe habe die Texte dadurch voneinander sondern wollen. Dem ist hinzuzufügen, daß das Gedicht *Vermächtnis* mit der Anfangszeile „Kein Wesen kann zu nichts zerfallen, / Das Ew'ge regt sich fort in allen" (1829), das inhaltlich mit den *Terzinen* korrespondiert, an den Schluß des Zweiten Buchs der *Wanderjahre* gesetzt wurde, ebenfalls in Antiqua gedruckt ist. Dies war die von Schiller bevorzugte Schrifttype, während Goethe in Fraktur setzen ließ oder die Schriftarten mischte.

Eine weitere Stelle in Humboldts Bericht unterstreicht die Wichtigkeit der Aufbewahrung des Schädels für Goethe:

„Heute nachmittag habe ich bei Goethe Schillers Schädel gesehen. Goethe und ich – Riemer war noch dabei – haben lange davor gesessen und der Anblick bewegt einen gar wunderlich. […] Goethe hat den Kopf in seiner Verwahrung, er zeigt ihn niemand. Ich bin der einzige, der ihn bisher gesehen, und er hat mich sehr gebeten, es hier nicht zu erzählen."[183]

---

180  Aus dem Bericht Zwierleins über die Beisetzung in der Fürstengruft. Zit. nach: Max Hecker: Schillers Tod und Bestattung. Nach den Zeugnissen der Zeit im Auftrag der Goethe-Gesellschaft. Leipzig 1935, S. 225.

181  Hierzu ähnlich: Walter Hinderer: Schiller und kein Ende: Metamorphosen und kreative Aneignungen. Würzburg 2009, S. 39.

182  MA, Bd. 13.1, S. 189.

183  Zit. nach: Theodor Kappstein (Hrsg.): Wilhelm von Humboldt im Verkehr mit seinen Freunden. Eine Auslese seiner Briefe. Bremen 2011, S. 281.

Goethe notierte über diese Begegnung im Tagebuch: „Abends Herr Kanzler v. Müller, Herr v. Humboldt, Herr Prof. Riemer. Beyde letztere blieben. Exuvien von Schiller und Betrachtungen darüber." (29. Dezember 1826)[184] Humboldt zufolge sprach Goethe beim Betrachten von Schillers Schädel über seinen eigenen Tod „mit einer großen Ruhe und Gelassenheit, mit mehr selbst, als ich erwartet hätte".[185] So schimmert an dieser Stelle durch, welche höchste Funktion der Besitz von Schillers Schädel für Goethe hatte. Die Hirnschale seines Freundes vor Augen, setze sich Goethe auch mit dem eigenen Tod auseinander und blieb in dieser Dunklen Kammer über ein Jahr.

Weil die angebliche Aufbewahrung des Schädels in der Bibliothek für Anstoß gesorgt hatte, fragte Carl August schließlich pragmatisch: „Wie ists mit der Beisetzung von Schillers Überbleibseln?" (An Goethe, 27. Oktober 1827, dazu schon im Brief vom 24. September 1827), sicher auch, um zum Wohl seines Freundes dem Schädelkult am Frauenplan ein Ende zu bereiten.[186]

## Fürstengruft

Der letzte Abschnitt gemeinsamen Bauens von Goethe und Carl August war erreicht, als Überlegungen zur Grabgestaltung aufgenommen wurden. Zunächst plante Goethe ein Grabmal für Schiller und sich in Zusammenarbeit mit Clemens Wenzeslaus Coudray (1775–1845, Großherzoglicher Oberbaudirektor, Gründungsmitglied der Loge *La Paix* in Fulda, später der Loge Amalia zugehörig, seinen Grabstein neben der Fürstengruft zieren Zirkel und Winkelmaß). Es sollte eine Gruft in unmittelbarer Nähe der neuen Fürstengruft (Abb. 24) werden:

> „Dann hat er auf dem neuen Kirchhof, wo sich auch der Großherzog eine neue Familiengruft errichtet hat, eine Gruft neben dieser zurichten lassen. In dieser will er dann mit Schiller begraben sein. Ob man den Schädel auch in die Gruft tut, überlässt er dann den übrig bleibenden."[187]

Dies bedeutet jedoch nicht zugleich, daß Goethe Carl Augusts Vorhaben einer gemeinsamen Ruhestätte übergestülpt bekommen habe. Das bisher Gezeigte

---

184  Zit. nach: Max Hecker: Schillers Tod und Bestattung. Nach den Zeugnissen der Zeit im Auftrag der Goethe-Gesellschaft. Leipzig 1935, S. 186.

185  Zit. nach: Theodor Kappstein (Hrsg.): Wilhelm von Humboldt im Verkehr mit seinen Freunden. Eine Auslese seiner Briefe, S. 282.

186  Zit. nach: Max Hecker: Schillers Tod und Bestattung. Nach den Zeugnissen der Zeit im Auftrag der Goethe-Gesellschaft, S. 212.

187  Zit. nach: Theodor Kappstein (Hrsg.): Wilhelm von Humboldt im Verkehr mit seinen Freunden. Eine Auslese seiner Briefe, S. 281.

läßt folgern, daß auch in diesem Punkt Einvernehmen herrschte. Es liegt dabei auf der Hand, daß allein der Herzog die Vorbereitungen zu einer gemeinsamen Beisetzung mit Schiller und Goethe im Erbbegräbnis der von Sachsen-Weimar-Eisenach ins Auge fassen konnte. Auch mußte er zahlreiche Schwierigkeiten dabei meistern, die neben dem Bauplan und der Finanzierung auch auf testamentarischer Ebene lagen. Zu diesen Überlegungen paßt die bestimmte Diktion von Carl Augusts Willensbekundung in den Erinnerungen Coudrays:

> „Als jedoch die Ausführung beginnen sollte, erklärte der Großherzog Carl August, mit diesen seinen beiden großen Freunden in demselben Gewölbe ruhen zu wollen, und es wurden auf höchsten Befehl Schillers Gebeine am 15. Dezember in die neuerbaute fürstliche Gruft mit gebührender Feierlichkeit beigesetzt."[188]

Damit nahm Carl August einen grundlegenden Eingriff im Gefüge des herzoglichen Erbbegräbnisses vor, indem er seinen Vorfahren in der neuen Fürstengruft (er selbst nannte sie Familiengruft) fortan zumutete, sie mit einem Bürgerlichen zu teilen, dazu noch mit den zusammengesuchten Überresten von dessen Freund Schiller, der noch nicht einmal in vergleichbarer persönlicher Beziehung zum Herzogshaus gestanden hatte wie Goethe.

Der Fertigstellung des Mausoleums mit rechteckigem Grundriß und oktogonaler Laterne ging ein mehrjähriger Bauprozeß voraus. Seit 1822 war Coudray mit den Plänen befaßt, im Jahr 1827 wurde der Bau nach Meldung des Architekten fertiggestellt.[189] Die klassizistische Gestaltung umfaßt einen Portikus aus vier Säulen und ein umlaufendes Triglyphen-Metopen-Fries als Formelement ohne weitere Gestaltung. Es ist durchaus denkbar, daß das Vorhaben Carl Augusts, seine letzte Ruhestätte mit Goethe teilen zu wollen, der eigentliche Anlaß zum Bau der neuen Gruft war. Jericke/Dolgner referieren die Finanzprobleme mit Blick auf Coudrays Leistung, mit den bereitgestellten Mitteln ein klassizistisches Kleinod geschaffen zu haben.[190] Nun gibt es genügend Beispiele für Erbbegräbnisse in Kirchen oder Schloßkapellen, die geringeren Aufwand erforderten, auch weniger öffentlich sind. Da die Särge der herzoglichen Familie seit dem Schloßbrand 1774 im Keller des Schlosses eingemauert waren, hätten sie ebenso dort einen würdig gestalteten Platz finden können. Eine Grabkapelle, die später auch Goethes Sarg aufnehmen sollte, konnte jedoch nicht im Schloß verortet sein,

188 Rolf Bothe: Clemens Wenzeslaus Coudray. Ein deutscher Architekt des Klassizismus. Köln/Weimar/Wien 2013, S. 570.
189 Alfred Jericke u. Dieter Dolgner: Der Klassizismus in der Baugeschichte Weimars, S. 249.
190 Ebd., S. 247.

sondern nur auf einem öffentlichen Friedhof, auf dem der Tod im allgemeinen Nebeneinander die Standesgrenzen verwischt.

Für den Bau der Fürstengruft wurde der höchste Punkt des Areals stadtauswärts gewählt, zu dem eine Allee hinführte. Der Eindruck im Innenraum wird von der Kuppel dominiert, deren Ausgestaltung ein nächtliches Himmelszelt mit netzartig verteilten Sternen auf hellblauem Grund zeigt. (Abb. 25) Dies war zur Entstehungszeit der einzige Schmuck bei ansonsten monochrom getünchten Wänden.[191] Durch eine ovale Öffnung in der Gewölbedecke ist der Durchblick nach oben möglich. Bekannt ist eine ähnliche stilisierte Himmelsdarstellung durch Karl Friedrich Schinkels Bühnengestaltung zur *Zauberflöte* von 1815/16. Goethe und Schinkel trafen dreimal zusammen, 1820, 1824 und 1826[192], und als jüngstem Bau in Weimar werden sich die Gespräche, bei denen auch Coudray zugegen war, auch der neuen Gruft zugewandt haben. Goethes Interesse für Schinkels Entwürfe ist bekannt, mit Coudray studierte er sie eingehend (*Tag- und Jahreshefte* 1821, An Zelter, 12.12.1829).[193] Markantes Merkmal von Schinkels *Sternenhalle im Palast der Königin der Nacht*[194] ist die schnurartige Anordnung der Sterne, die kuppelförmig zusammenlaufen. In der Fürstengruft sind die Sterne ebenfalls gleichmäßig angeordnet, mit einer Verdichtung zum Fixpunkt hin. Die maurerischen Implikate von Mozarts Oper wurden bereits angesprochen, weiter sei herausgestellt, daß das Himmelsgewölbe ein masonisches Symbolbild sui generis ist: „Die Loge wird in den Ritualbüchern als ein Bild des Weltalls bezeichnet, Sonne, Mond und Sterne zieren in bildlicher Darstellung den Himmel der Loge".[195] Nun gehörte Schinkel keiner Loge an, doch war den Zeitgenossen der masonische Bezugsrahmen in ganz anderer Weise nahe, als aus zeitgenössischer Sicht. Daß Goethe sich sehr für die Inszenierung der *Zauberflöte* interessierte, belegt sein eigener Bühnenentwurf von 1794: *Theaterzeichnung zur Zauberflöte Sechster Auftritt (Königin der Nacht)*. Goethes Bühnenbild zeigt

---

191  Weitere Wandmalereien kamen nachträglich hinzu, wie die von Maria Pawlowna in Auftrag gegebene Russisch-Orthodoxe Kapelle. Auch die Einrichtung mit Teppichen, Blumenvasen etc. war ursprünglich nicht vorgesehen.

192  Klaus Jan Philipp: [Artikel] Schinkel, Karl Friedrich. In: Andreas Beyer u. Ernst Osterkamp (Hrsg.): Goethe Handbuch, Supplemente 3, Stuttgart u. Weimar 2011, S. 573–576.

193  Ebd., S. 573–74.

194  Karl Friedrich Schinkel: Wolfgang Amadeus Mozart „Die Zauberflöte", Entwurf zur Sternenhalle im Palast der Königin der Nacht, 1815. Gouache; 46,4 x 61,5 cm, SM 22c.121, Staatliche Museen zu Berlin, Kupferstichkabinett.

195  LP [Artikel] Himmelsgestirne.

die Königin der Nacht auf einer Mondsichel und dunklen Mantelgewand sitzend, umgeben von einem strahlenförmigen Sternenkranz. Weitere Sterne sind asymmetrisch auf dem ansonsten axial angelegten Bild verteilt, das durch ein viergliedriges Säulenportal mit Metopen-Triglyphen-Fries gerahmt wird.

Im gegebenen Kontext ist schließlich der Lageplan der Särge aus der Entstehungszeit der Fürstengruft interessant.[196] Schillers und Goethes Särge wurden hierauf in der Südost-Nische eingezeichnet, wie auch Carl Augusts Sarg. Schillers Gebeine wurden im Dezember 1827 in einem Eichensarg mit Namenslettern nach einem Entwurf Coudrays in der Gruft aufgestellt, Carl Augusts Beisetzung erfolgte am 9. Juli 1828, Goethes Sarg, dem Schillers identisch, wurde am 26. März 1832 daneben aufgestellt. Auch Carl Augusts schmuckreichen Bronzesarg hatte Coudray gestaltet, an das Römische Haus erinnern die Blütenfestons auf dem Deckel, die Löwenmaul-Halter und ein Hermesstab mit gewundener Schlange. Die Inschrift „Tapfer und Weise" verbindet Carl Augusts Kriegsbewährung mit dem Symbolprogramm in den Naturelementen und der Schlange als Weisheitsträgerin, zum Geheimbund leitet die Anspielung auf Hermes. Die gegenüberliegende Seite zeigt auf Coudrays Entwurf Waage und Füllhorn, beides Motive, die noch einmal die Verbindung zu Nemesis und Demeter herstellen.[197]

So war die zweiwöchige „interimistische Beisetzung" (aus den Hofakten) des Herzogs im Römischen Haus wohl kaum dem „repräsentativen Charakter des Ortes" geschuldet,[198] da die Aufstellung des geschlossenen Sarges mit einer Totenwache in den schwarz verhängten Räumen nicht öffentlich war. Vielmehr betont diese Verfügung ein letztes Mal die persönliche Bedeutung des Römischen Hauses für Carl August.

## Exkurs: Goethes Freimaurer-Bestattung

Von Goethes letzten Lebenstagen, seinem Tod, der Aufbahrung im Haus am Frauenplan und der Beisetzung in der Fürstengruft gibt es verschiedene Berichte aus mehr oder weniger berufenem Mund. Mit der Kontroverse um die letzten Worte ist

---

196  Alfred Jericke u. Dieter Dolgner: Der Klassizismus in der Baugeschichte Weimars, S. 249.

197  Rolf Bothe: Clemens Wenzeslaus Coudray. Ein deutscher Architekt des Klassizismus. Köln/Weimar/Wien 2013, Abb. 695: Coudrays Entwurf für den Sarg Carl Augusts (Kat. Nr. 277), S. 571.

198  Joachim Berger: Carl August als Bauherr und Bewohner. In: A. Beyer (Hrsg.): Das Römische Haus, S. 25–39; S. 31.

aus dem Blick geraten, daß Vieles über Goethes Tod durch gesicherte Quellen belegt ist. Aus dem Quellenmaterial geht hervor,[199] daß Goethe nicht nur im Rahmen einer Trauerloge der *Amalia* am 9. November 1832 mit freimaurerischem Ritual verabschiedet wurde, sondern daß auch die offizielle Aufbahrung und Beisetzung am 26. März von masonischer Symbolik geprägt war. Wieder ist festzuhalten, daß dieser Aspekt bis heute von der Goethe-Biographik nicht erfaßt worden ist.

Einer der wichtigsten letzten Begleiter Goethes war der Oberbaudirektor Coudray. Darüber gibt Coudrays Bericht *Goethes letzte Lebenstage und Tod betreffende Notizen* ausführlich Auskunft.[200] Der Baumeister war in Goethes letzter Lebensstunde zugegen, bis „der große Geist zum Urlichte zurückkehrend seiner irdischen Hülle entfloh", wie es der Freimaurer Coudray faßt.[201] Coudray war es, der die Aufbahrung leitete, das Vorhaus des Goethe-Hauses dafür schwarz ausschlagen und über dem Paradebett einen goldenen Stern anbringen ließ. Weiter waren Adler und Lyra (die Goethe auch in seinen symbolischen Bildern hatte darstellen lassen) und eine Bibliothek aufgebaut, „darüber das Dreigestirn für Weisheit, Schönheit, Stärke" (C. Schüddekopf).[202]

An Coudrays Anweisungen vom 24. März 1832 ist für unseren Kontext bemerkenswert, daß Goethes Sarg nach der Trauerfeier von Meistern verschiedener Gewerke in die Gruft heruntergetragen werden sollte, „weil nämlich die Vorrichtung der Versenkung in so kurzer Zeit nicht hergestellt werden kann, auch der zuletzt in die Gruft gekommene Sarg der […] Großherzogin eine Veränderung der Versenkung nothwendig macht."[203] Deshalb, so argumentierte der Oberbaudirektor, müßte der Sarg in die Gruft getragen werden. In diesem Zusammenhang erinnert er daran, daß „Der Sarg mit Schillers irdischen Resten übrigens auch in die Gruft herabgetragen worden, und zwar durch Bürger und Gewerken, welche sich hierzu freiwillig erboten hatten." Abschließend empfiehlt er deshalb: „An solche wäre auch für den vorliegenden Fall wieder eine

---

199  Carl Schüddekopf (Hrsg.): Goethes Tod. Dokumente und Berichte der Zeitgenossen. Leipzig 1907.

200  Clemens Wenzeslaus Coudray: Goethes letzte Lebenstage und Tod betreffende Notizen. In: Schüddekopf, Carl (Hrsg.): Goethes Tod. Dokumente und Berichte der Zeitgenossen. Leipzig 1907, S. 94–106.

201  Ebd., S. 102.

202  Carl Schüddekopf (Hrsg.): Goethes Tod. Dokumente und Berichte der Zeitgenossen, S. 33.

203  Clemens Wenzeslaus Coudray: Goethes letzte Lebenstage und Tod betreffende Notizen. In: Schüddekopf, Carl (Hrsg.): Goethes Tod. Dokumente und Berichte der Zeitgenossen, S. 104.

Einladung zu erlassen."[204] So wurde auch Goethe mit dem für Schiller erdachten Zeremoniell von Weimarer Handwerksmeistern in die Gruft getragen. Die Trauerfeier in der Kapelle der Fürstengruft wurde mit dem von Goethe für Carl Augusts Regierungsjubiläum gedichteten und von Zelter vertontem Lied *Laßt fahren hin das Allzuflüchtige!* eröffnet.

Abb. 23: Bibliotheksturm (1821–1825)

---

204   Ebd.

*Abb. 24: Fürstengruft (1821–1828)*

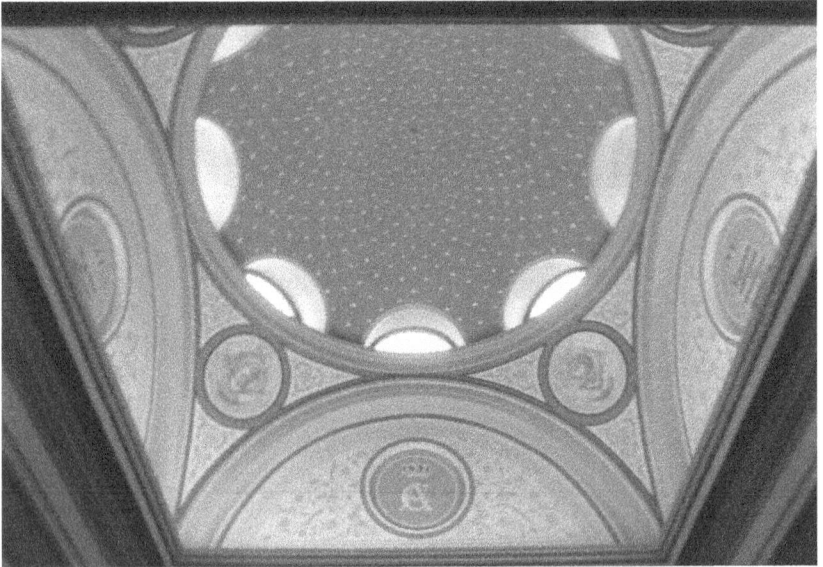

*Abb. 25: Fürstengruft, Detail (Kuppel)*

# 4. Masonische Motive in Goethes Dichtung

## Logengedichte. „Die Geheimnisse" und der Versuch eines Librettos für „Der Zauberflöthe zweyter Theil", „Wilhelm Meister": Die Turmgesellschaft

Im Zusammenhang mit Ereignissen in der Loge hat Goethe im Lauf der Jahre bekanntlich einige Gelegenheitsgedichte verfaßt, auf die sich Freimaurer in aller Welt bis heute berufen. Sie gelten als Beleg dafür, daß Goethe auch bei dauernder Beurlaubung weiter Anteil an der Logenarbeit nahm (An Geh. Kammerrat Ridel, 5. Oktober 1812 in seiner Eigenschaft als Meister vom Stuhl der Loge). Nach Wielands Tod aber, der noch mit 76 Jahren aufgenommen worden war, trug Goethe die *Rede zu brüderlichem Andenken Wielands* in der Trauerloge am 18. Februar 1813 persönlich vor.[205] Unter den Gedichten hat das *Symbolum* (1815, Erstdruck in: *Gesänge für Freimaurer*, Weimar 1816) mit dem Eingangsvers „Des Maurers Wandeln / Es gleicht dem Leben, / Und sein Bestreben / Es gleicht dem Handeln / Der Menschen auf Erden" und der auratischen Schlußformel „Wir heißen euch hoffen." die größte Bekanntheit erlangt.[206] Doch gibt es auch eine Reihe weiterer Logenlieder und Gedichte Goethes *(Vom Sänger hat man viel erzählt*, 1815; *An dem öden Strand des Lebens*, 1816). Auch zu besonderen Gelegenheiten wie Carl Augusts Regierungsjubiläum *(Zur Logenfeier des Dritten Septembers 1825)* verfaßte Goethe Verse für die Loge. Hervorzuheben ist im gegebenen Kontext das Lied *In allen guten Stunden* aufgrund seines Entstehungsdatums 1775, da um diese Zeit das Weimarer Bauprogramm entworfen wurde.

Weitere Bekanntheit hat Goethes eigenhändige Abschrift erlangt, die als Faksimile dem 47. Band der Ausgabe letzter Hand beigegeben war:

> Leuchtender Stern
> über Winkelwage, Blei und Zirkel.
>
> Zum Beginnen, zum Vollenden
> Zirkel, Blei und Winkelwaage;
> Alles stockt und starrt in Händen,
> Leuchtet nicht der Stern dem Tage.

---

205 Zu den Vorbereitungen der Trauerloge, bei der die ganze fürstliche Familie einschließlich Frauen anwesend war, und zur Veröffentlichungsgeschichte von Goethes Rede: Gotthold Deile: Goethe als Freimaurer. Kap. IV: Wielands Totenfeier in der Loge ‚Amalia' zu Weimar am 18. Februar 1813 (S. 187–227).

206 V1-5 und V30. Zit. nach: Goethe Gedichte. Sonderausgabe nach: Goethes Werke, Band I (Hamburger Ausgabe). Textkritisch durchgesehen und kommentiert v. Erich Trunz. 15., durchgesehene Auflage, S. 340–41.

Sterne werden immer scheinen,
Allgemein auch, zum Gemeinen;
Aber gegen Maß und Kunst
Richten Sie die schönste Gunst.[207]

Der Achtzeiler gehört in den Zyklus *Gedichte zu Bildern*, die Goethe zu jenen Darstellungen verfaßte, die an Carl Augusts Regierungsjubiläum sein Haus am Frauenplan schmückten – das Motiv mit Zirkel und Winkelmaß war rechts über dem Eingang angebracht (hierzu der Stich *Goethes Haus im Festschmuck am 3. September 1825*, gemalt von A. Heideloff nach Vorlagen Goethes).[208]

Die *Gedichte nach Bildern* hat Goethe wie folgt angeordnet und betitelt: *Adler mit einer Lyra nach oben schwebend.* / *Schwebender* Genius *über der Weltkugel, mit der einen Hand nach oben, mit der anderen nach unten deutend.* / *Beschildeter Arm gegen ein vorüberziehendes Gewitter Bücher beschützend.* / *Regenbogen über den Hügeln einer anmuthigen Landschaft.* / Genius, *die Büste der Natur enthüllend.* / *Urne auf einem bunten Teppich.* / *Leuchtender Stern über Winkelwaage, Blei und* Zirkel. / *Pinsel und Feder vom Lorbeer umwunden und von einem Sonnenblick beleuchtet.*[209] So hat Goethe im Alter ein masonisches Bildprogramm emblematisch dargestellt, worin Motive früherer Abschnitte wiederbegegnen: Genius und Weltkugel, Regenbogen, Urne, Zirkel und Winkelmaß. Die Gedichte fassen einen freimaurerischen Idealentwurf im Hinblick auf das soziale Miteinander, das Verhältnis zum Leben, zum Schönen und Wahren (*Genius, die Büste der Natur enthüllend*) und formulieren einen künstlerisch-poetologischen Entwurf innerhalb dieser Vorstellungswelt (*Adler mit einer Lyra, Pinsel und Feder vom Lorbeer umwunden*). Angesichts des allgegenwärtigen Memento mori, angesichts auch der menschheitsgeschichtlich fortgesetzten Notwendigkeit, Widerständigem zu trotzen (*Beschildeter Arm, Regenbogen*), zeichnen sich diese Verse durch eine zierlich-heitere Stimmung aus: „Zwischen Oben, zwischen Unten / Schweb' ich hin zu munt'rer Schau / Ich ergötze mich am Bunten, / Ich erquicke mich im Blau." (*Schwebender Genius*).

Freimaurerisch motivierte Schriften haben früh auch weitere Teile von Goethes Werk auf einen masonischen Gehalt hin befragt (G. Deile, H. Wernekke)

---

207 Goethes Werke. Vollständige Ausgabe letzter Hand, Bd. 47: Nachgelassene Werke. 7. Bd, Stuttgart u. Tübingen 1833; *Gedichte zu Bildern*, S. 152.

208 BA, Goethe – Kunsttheoretische Schriften und Übersetzungen. Supplementband: Abbildungen zu den Schriften zur bildenden Kunst. Hrsg. v. Siegfried Seidel. Berlin u. Weimar 1978, S. 163.

209 ALH, Bd. 47: Nachgelassene Werke. 7. Bd, Stuttgart u. Tübingen 1833; *Gedichte zu Bildern*, S. 145–153.

und dabei vor allem *Die Geheimnisse* und *Wilhelm Meister*-Dichtung in den Blick genommen.

Zur Bedeutung des Fragment gebliebenen epischen Gedichts *Die Geheimnisse* wurde oben die Annahme formuliert, daß Goethe hier mit dem Eingangssymbol des Rosenkreuzes und der Beschreibung einer Kreuzritterzusammenkunft ein Thema der Hochgradmaurerei aufgegriffen hat. „Unter dem Rosenkreuz gehen zahlreiche Bezeichnungen von Hochgraden aus dem 18. Jahrhundert", hält das Freimaurer-Lexikon fest und verweist auf Hochgrade unterschiedlicher Systeme verweist (etwa „Ritter vom Rosenkreuz"), außerdem den „Rose-Croix des Dames" oder auch „Chevalier et Chevalières de la Rose" des französischen Adoptionsritus (Damen- oder gemischte Logen) nennt.[210] Dies könnte erklären, warum ein Austausch mit der frankophilen Charlotte von Stein darüber bestand. Aber auch das christliche Grundthema könnte ihr Interesse wie auch das Herders erweckt haben. Aus einem Brief Goethes geht außerdem hervor, daß er ihr die Handschuhe für die Schwester zuhause übergeben haben muß: „Ein [...] Geschenck [...] wartet auf Sie [...] daß ichs nur Einem Frauenzimmer, ein einzigsmal in meinem Leben schencken kan"[211] (An Charlotte von Stein, 24. Juni 1780). Goethe ließ der Freundin das Manuskript der *Geheimnisse* durch Herder zuschicken mit dem Verweis, nun das versprochene Gedicht begonnen zu haben (8. August 1784) und ließ sie kurz darauf wissen: „du wirst daraus nehmen, was für dich ist, es war mir gar angenehm dir auf diese Weise zu sagen wie lieb ich dich habe." (11. August 1784).[212]

Als Opera buffa geplant, hatte Goethes Lustspiel *Der Groß-Cophta* (UA 1791) mit der Figur des ‚Grafen Cagliostro' und dessen betrügerische Machenschaften wenig Zuspruch erfahren. Ein weiterer Versuch, sich mit der Freimaurerei auseinanderzusetzen, war der Entwurf einer Fortsetzung der *Zauberflöte*. Doch auch dieses Vorhaben blieb unvollendet. Die Arbeit an *Der Zauberflöthe zweyter Theil* fällt in den Zeitraum, in dem auch das Römische Haus entstand. Bei Bekanntwerden von Schikaneders eigener Fortführung ließ Goethe den Plan fallen. Im Zentrum des Plots stand ein mittlerweile zur Welt gekommenes Kind Paminas und Taminos, das aus Gefahren zu retten die Aufgabe wird. Eingesperrt in einen Kasten, der in ständiger Bewegung gehalten werden muß, müssen die Eltern bis zur Errettung des Knaben viele Proben bestehen. In der diesem Motiv eigenen bizarren Fantasie ist das Zauberflöten-Fragment mit Teilen der *Wilhelm Meister*-Romane verbunden (*Wilhelm Meisters theatralische Sendung* ab 1777; *Wilhelm Meisters Lehrjahre*,

---

210  LP [Artikel] Rose-Croix.
211  GTzT, Bd. II, 1776–1788, S. 289. Außerdem LP [Artikel] Handschuhe.
212  Zu Josias von Steins möglicher Mitgliedschaft in der Loge Amalia: Jan Ballweg: Josias von Stein. Stallmeister am Musenhof Anna Amalias. Göttingen 2012, Kapitel: War Josias von Stein Freimaurer?, S. 103–105.

1795/'96; *Wilhelm Meisters Wanderjahre*, ab 1807, ED 1821). Im Kern ist das Grundmotiv eines gefährdeten, verschwundenen oder vertauschten Kindes, auch verschwundener Eltern sowohl im Zauberflöten-Fragment als auch im *Wilhelm Meister* enthalten, wie auch das unsichtbare Wirken geheimer Gesellschaften, die in die Lebensschicksale eingreifen.

Über die Zusammenhänge der ominösen Turmgesellschaft im *Wilhelm Meister* und dem zeitgenössischen Geheimbundwesen liegt eine Reihe von Veröffentlichungen vor, angefangen bei frühen Schriften zu Goethe als Freimaurer (G. Deile, 1912) bis zu neueren Beiträgen (M. Neumann: 1992; H.-J. Schings: 1999; M. Titzmann: 2000; H. Reinhardt: 2002). Dabei ist der Blick jedoch nicht auf mögliche Verbindungen zwischen Text und Architektur gerichtet worden. In bezug auf das Weimarer Bauprogramm lassen sich zwischen der Bibliothek und dem *Wilhelm Meister* frappante Motivüberschneidungen feststellen. Das 9. Kapitel im 7. Buch der *Lehrjahre*, worin Wilhelm unerwartet seinen Lehrbrief erhält und erfährt, daß der Knabe Felix sein Sohn sei, findet in einer Art Bibliothek statt, nachdem er eine dunkle Kammer durchquert hat. Der Raum hat keine Türen, sondern ist mit Teppichen verhangen.

> „Der Saal, in dem er sich nunmehr befand, schien ehemals eine Kapelle gewesen zu sein, an statt des Altars stand ein großer Tisch, auf einigen Stufen mit einem grünen Teppich behangen, darüber schien ein zugezogener Vorhang ein Gemälde zu bedecken; an den Seiten waren schön gearbeitete Schränke mit feinen Drahtgittern verschlossen, wie man sie in Bibliotheken zu sehen pflegt, nur sah er an statt der Bücher viele Rollen aufgestellt."[213]

Dieser Beschreibung entsprechend befand sich in der Herzoglichen Bibliothek in Weimar eine „große Tafel mit grünem Teppich bedeckt" (Aus dem Bericht Kräuters über die Zeremonie zu Goethes 50. Dienstjubiläum am 7. November 1825).[214] Markant ist auch die Aufstellung von Büsten und Bildnissen der Weimarer Persönlichkeiten (durch F. Th. Kräuters Skizze des Saales dokumentiert), dergestalt, daß der Rahmen des ganzfigurigen Portraits Carl Augusts direkt vor Kopf des Tisches, zwischen den Säulen zur Südseite hin gehängt war, so daß in dieser Bildpräsentation – im Roman treten Wilhelm durch den Rahmen über dem Tisch Figuren, die aus der Vergangenheit berichten, entgegen – eine

---

213  MA, Bd. 5, Wilhelm Meisters Lehrjahre. Ein Roman. S. 495.

214  Aus dem Bericht Kräuters über Goethes Dienstjubiläumsfeier in der Bibliothek am 7. November 1825. Zit. nach: Bettina Werche: Kräuters Skizze des Rokokosaales der Großherzoglichen Bibliothek. In: Hellmut Seemann (Hrsg.): Anna Amalia, Carl August und das Ereignis Weimar. Jahrbuch der Klassik Stiftung Weimar 2007. Göttingen 2007, S. 271.

Parallele zur Ausstattung des Raumes von Wilhelms Lehrlingsabschluß besteht. Ein Ganzfigurporträt Goethes wurde zur Schädelzeremonie eigens angefordert.

## Exkurs: Freimaurerporträts

An dieser Stelle soll ein Blick auf Porträtgemälde mit freimaurerischen Anklängen geworfen werden. Carl August hat sich viele Male porträtieren lassen, davon sind einige Bildnisse deutlich mit freimaurerischen Anspielungen versehen. Schon im frühen Ganzfigurporträt von Georg Melchior Kraus (*Carl August von Sachsen Weimar Eisenach*, 1791) zeigt er sich als Freimaurer, vor einem Steinquader und einem herabfließenden Wasserverlauf stehend. Auf dem stellenweise rissigen Postament liegt ein Paar weißer Handschuhe, die dem Betrachter ins Auge fallen, da sie über den Stein hinüberlappen. Wieder ist die Zusammenstellung verschiedener Symbole für das Verständnis des Bildes entscheidend. Denn im masonischen Bezugsrahmen sieht man den Herzog mit dem rauen Stein, dessen Bearbeitung die Lebensaufgabe darstellt, einem Wasserfall als Hinweis auf die Hiram-Legende und den Handschuhen für die Tempelarbeit. Auch Anna Amalia hat sich im Alter mit einem Paar weißer Handschuhe porträtieren lassen (F. Jagemann: Herzogin Anna Amalia von Sachsen-Weimar-Eisenach, 1805–1806, Wittumspalais Weimar).

Krausens Darstellung Carl Augusts erfuhr eine Abwandlung durch die Version von Ferdinand Carl Christian Jagemann (1780–1820, Freimaurer, Goethe gedachte seiner in einer Logenrede), der den Herzog auf einer fiktiven Anhöhe vor dem Römischen Haus porträtierte. Das Gemälde gilt als eines der wichtigsten Bildzeugnisse des Römischen Hauses, doch ist auch hier wieder die Motivzusammenstellung bemerkenswert, die ohne Symbolverständnis lediglich als Landschaftsstaffage wirkt. Warum sich Carl August nach Jahren noch einmal in dieser Art malen ließ, ergibt sich aus der Bestimmung des ersten Bildes von Kraus: das erste Porträt verschenkte Carl August an Herzog Georg I. von Sachsen-Meiningen.[215] Jagemanns Gemälde verbindet die Hinweise auf Carl Augusts Maurerei mit dem Gebäude und schuf somit einen Hinweis auf eben den masonischen Sinn des Hauses.

Für das Verständnis der Bildaussage ist ein vergleichender Blick hilfreich. Georg I. von Sachsen-Meiningen lebte sein Maurertum verhältnismäßig offen. Er zog zudem aus seiner Gesinnung beispiellose Konsequenzen, indem er den Plan zur Überführung seines Herzogtums in einen liberalen Verfassungsstaat plante. Georg I. wurde postum von dem Meininger Hofmaler Samuel Friedrich Diez in

---

215 Birgit Knorr: Georg Melchior Kraus (1737–1806). Maler – Pädagoge – Unternehmer. Biographie und Werkverzeichnis. Diss. Univ. Jena, 2003, S. 83.

Ganzfigur porträtiert. Das Bild zeigt den Herzog im Altensteiner Park vor der neogotischen *Ritterkapelle* (1798–99), einem Logenversammlungsort. Der Herzog steht neben einem Findling, der gänzlich unbehauen ist und worauf er sich mit der rechten Hand aufstützt. Rechts im Bild ist ein Felsmassiv zu sehen, von dem angedeutet Wasser herunterfließt.

An dieser Stelle soll der Blick auch auf das Gemälde *Goethe in der Campagna* (1787) gerichtet werden. Das Gemälde gilt gemeinhin als Symbolbild für Goethes Italienaufenthalt und hängt mit dem hier behandelten Gegenstand scheinbar nicht zusammen, doch ist ein vergleichender Blick mit den beschriebenen Porträtbildern lohnend. Johann Wilhelm Heinrich Tischbein (1751–1829, 1778 Aufnahme in die Berliner Loge „Zur Eintracht", Illuminat) hielt sich mit einem von Goethe vermittelten Stipendium des Herzogs von Gotha in Italien auf, als Goethe ihn 1786 in Rom kennenlernte. Das lebensgroße Ganzfigurporträt Goethes begann Tischbein im Dezember 1786 in Rom (An Charlotte von Stein, 29./30. Dezember 1786), doch als es Goethe weiter nach Neapel und Sizilien zog, Tischbein aber immer nachdrücklicher eigene Interessen verfolgte, kam es zur Entzweiung. Goethe hat das vollendete Bildnis nie gesehen, Tischbein verkaufte es später. Das Bild blieb dennoch Tischbeins einziges Werk, das ihn aus der verzweigten Malerfamilie weiter heraushob (,Goethe-Tischbein'). Das ikonenhafte Gemälde zeigt Goethe in der flachen Landschaft der römischen Campagna, auf die Reste eines Obelisken „vermutlich ägyptischer Herkunft"[216] gelagert. Dies geht auch aus einer zeitgenössischen Litographie hervor, die die Hieroglyphen darauf wiedergibt. Mit dem rechten Arm stützt Goethe sich auf einem quaderförmigen Steinfragment ab, gehüllt in einen hellen Mantel, der den Blick auf das rechte Bein und „hellblau seidene Strümpfe"[217] freiläßt. Auffällig in der Ausführung des Körpers ist die gekünstelt wirkende Handhaltung beziehungsweise Fingerstellung sowohl der Rechten als auch der Linken, was den Eindruck erweckt, daß hier Handzeichen dargestellt sind. Am Horizont, vor den Albaner Bergen, ist das Grabmal der Cecilia Metella zu sehen.

Es ist zu fragen, inwiefern Goethes Porträt masonische Implikate besitzt, in einem frei zusammengestellten Sujet, das auf den ersten Blick willkürlich wirkt. Und weiter, wie die Turmdarstellung hier zu verstehen ist. Denn im Zusammenhang mit einem Turm läßt sich die Turmgesellschaft aus dem *Wilhelm Meister* assoziieren. Immerhin hatte Goethe seit 1777 bis zur Abreise an der ersten Fassung

---

216   Nina Börnsen: [Artikel] J.H.W. Tischbein: Goethe in der Campagna. In: Harenberg Museum der Malerei. Wieland Schmied (Hrsg.) in Zusammenarbeit mit Tilmann Buddensieg, Andreas Franzke u. Walter Grasskamp. 2. verbess. Aufl. 2002, S. 440–441.
217   Ebd., S. 440.

geschrieben.[218] Es war also die Idee der Turmgesellschaft schon gegenwärtig, als Goethe nach Italien reiste und es waren schon viele Aspekte des masonischen Bauprogramms in Weimar realisiert. Goethe und Tischbein teilten den Ideenhintergrund der Freimaurerei, die in das Gemälde miteinfloß. Festmachen läßt sich dies in der Verbindung des Ägyptizismus (Obelisk), der maurerischen Symbolfarbe (hellblaue Strümpfe) und der Darstellung eines Handzeichen: die Zeigegeste der rechten Hand wird in der Symbolik als Hinweis auf Johannes den Täufer verstanden.[219] Auch das Motiv des Wasserfalls ist durch die im Hintergrund dargestellte Ruine eines Viadukts mitzudenken. In diesem Verständnis des Gemäldes wird deutlich, warum Goethe sich nach dem Ende der Freundschaft äußerst heftig über Tischbein äußerte und ihm „Bundbrüchigkeit" vorwarf. Doch wenn es im selben Brief heißt „Es ist schade um ihn", schwingt ebenso menschliche Enttäuschung mit. (An Herder in Italien, 3. März 1789).

## Goethes „Märchen" als maurerischer Schlüsseltext

In bezug auf die Schaffensphase Mitte der 1790 Jahre rückt mit dem *Märchen* einer der rätselhaftesten Prosatexte Goethes in den Blick. Das *Märchen* bildet den Schluß der nach Boccaccios Vorbild angelegten Novellensammlung *Unterhaltungen deutscher Ausgewanderten* (ED in den Horen 1795).[220] Goethe hat sein *Märchen* in der Art eines Gesellschaftsspiels als Rätsel ausgegeben und sich darüber mit verschiedenen Korrespondenzpartnern ausgetauscht.[221] Die „18 Figuren dieses Dramatis sollen, als soviel Rätsel, dem Rätselliebenden willkommen sein." schrieb Goethe am 26. September 1795 an Schiller. Und in einer Xenie von 1796 heißt es darüber: „Mehr als zwanzig Personen sind in dem *Märchen* geschäftig. / Nun, was machen sie denn alle? Das *Märchen*, mein

---

218  [Artikel] Wilhelm Meisters Lehrjahre. In: Kindlers Neues Literatur Lexikon. Walter Jens (Hrsg.), Bd. 6, S. 527–531.

219  Ekkart Sauser: [Artikel] Johannes der Täufer. In: Manfred Lurker (Hrsg.): Wörterbuch der Symbolik. 5. Aufl. Stuttgart 1991.

220  *Märchen* (zur Fortsetzung der Unterhaltung deutscher Ausgewanderten). Verwendete Ausgabe: MA, Bd. 4.1, Wirkungen der Französischen Revolution 1791–1797, I., S. 519–550.

221  Günter Oesterle: Die „schwere Aufgabe, zugleich bedeutend und deutungslos" sowie „an nichts und alles erinnert" zu sein. Bild- und Rätselstrukturen in Goethes „Das Märchen". In: Helmut J. Schneider, Rolf Simon, Thomas Wirtz (Hrsg.): Bildersturm und Bilderflut um 1800. Bielefeld 2001, S. 184–209.

Freund.“[222]. Daß die Interpretationen Goethe wichtig waren, ist bereits Hinweis darauf, daß der Text im Kern kein willkürliches Kunstprodukt zum Zweck einer Gattungsauseinandersetzung sein kann.[223] Zweifellos irritiert die Fülle weiterer Quellenmaterials zum *Märchen*, die stellenweise merkwürdige Korrespondenz und Goethes Weigerung, weitere Erklärungen abzugeben, bevor „nicht 99 andere Vorschläge eingekommen“ seien (An Prinz August von Gotha, 21. Dezember 1795)[224], so daß sich diese Zeugnisse einem einfachen Zugang ebenso widersetzen wie der Text selbst. „Auslegungen des *Märchens*.“ notiert Goethe bezeichnenderweise am Nachmittag des 24. Juni 1816 ins Tagebuch, am Johannistag, dem Tag Johannes' des Täufers, des Patrons der Steinmetze, und höchstes Fest im Freimaurerjahr. Der Tabelle mit den Deutungen dreier Freunde stellt Goethe die Vorbemerkung voran: „Das Mährchen, welches die Unterhaltungen der Ausgewanderten schloß, ladet zu Deutungen ein, indem es Bilder, Ideen und Begriffe durcheinander schlingt.“[225] Zahlreiche spätere Interpretationen deuteten das *Märchen* allegorisch für die Französische Revolution und ihrer Folgen. Im Verständnis einer Symboldichtung dagegen wurde vieles an Ideen aus unterschiedlicher Feder über den Text geworfen (R. Steiner). Doch haben gerade Philologen im Rahmen von Goethe-Editionen konsequent auf eine Deutung verzichtet (E. Trunz, R. Wild). Es soll hier jedoch nicht um die Rekapitulation der Rezeptionsgeschichte gehen, sondern vielmehr um die Feststellung, daß alle bisherigen Ansätze zu keiner Erhellung des Textes geführt haben und das *Märchen* trotz einer Vielzahl von Interpretationen bis heute nicht schlüssig gedeutet ist. Dies ist vor allem auf die Verbindung verschiedener Sinnschichten des Textes zurückzuführen, für die es mehr als einen Deutungsschlüssel gibt.

Das *Märchen* entstand in derselben Zeit wie das Römische Haus, der Versuch einer Fortsetzung der *Zauberflöte* und parallel zur Arbeit am *Wilhelm Meister*. Dies ist bekannt, doch ist das *Märchen* erstaunlicherweise bisher noch nie in

---

222  MA, Bd. 4.1, Wirkungen der Französischen Revolution 1791–1797, I., S. 718. Vergleiche auch die Abwandlung: „Mehr als zwanzig Personen sind in dem *Märchen* geschäftig, Nun, und was machen sie denn alle? Das *Märchen*, mein Freund.“ MA, Bd. 4.1, Wirkungen der Französischen Revolution 1791–1797, I., S. 792.

223  Ariane Ludwig: „Ohne Poesie läßt sich nichts in der Welt wirken, Poesie aber ist Mährchen.“Zu Goethes *Märchen* und seinem Mährchen. In: Fabula, Bd. 55 (2014), 1/2; S. 87–104.

224  Zit. nach: MA, Bd. 4.1, Wirkungen der Französischen Revolution 1791–1797, I., S. 1062.

225  MA, Bd. 4.1, Wirkungen der Französischen Revolution 1791–1797, I., S. 1054.

bezug auf das Römische Haus gelesen worden, obwohl es ganz offensichtlich jeweils um ein Baugeschehen ging. Am Ende des *Märchens* steigt ein Tempel am Fluß auf und eine Brücke verbindet die Ufer, womit ein gesellschaftlicher Idealzustand eintritt. Dieses Schlußtableau ist früh als masonisches Motiv erkannt worden (A. Wolfstieg)[226], ein Ansatz, den spätere Interpreten nicht weiter verfolgt haben.

Zahlreiche Motive des *Märchens* sind unschwer als maurerische zu erkennen, etwa die Erfahrung des Jünglings in der Dunklen Kammer und die Tempelgespräche. Es lassen sich aber im Detail noch erstaunlich viele weitere Verbindungen zum masonischen Bezugsrahmen ausmachen, unter Aufnahme von zahlreichen Referenzen und Bezügen zum Weimarer Programm. Im Folgenden wird anhand einer Figuren- und Motivanalyse eine Neudeutung des *Märchens* in verschiedenen Sinnschichten auf der Grundlage des masonischen Ideenhintergrundes vorgestellt, worin auch Goethes Aneignung der Baugeschichte aufgenommen ist.

## Zum Schlangenmotiv

Rätselhaftes Leitmotiv im *Märchen* ist die grüne Schlange. In der Symbolik ist die Schlange ein vielschichtiges Motiv, das mythologische, biblische wie religionsphilosophische Aspekte enthält und in eschatologische Dimensionen übergeht. Wie alle chthonischen Tiere vereinigt die Schlange in Mythos und Sage ambivalente Merkmale. Nach ihrem Auftreten in der Genesis (3.1–3.5) wurde die Schlange in biblischer Sicht zum Urtier des Bösen, als üble Verführerin „Eritis sicut deus scientes bonum et malum" – „Ihr werdet sein wie Gott und Gut und Böse unterscheiden". Doch mit dieser Verführung zur Grenzüberschreitung ist die Schlange eben auch als „Raupe am Baume der Göttin der Vernunft" (E. Bloch) verstehbar.[227] Die Gnosis entwickelte mit den Ophiten oder Nassenern Schlangenkulte für die

---

226  „Es handelt sich in dem *Märchen* um die Verwirklichung des Reiches Gottes auf Erden, um die Heraufführung des Zeitalters der Humanität, um den Bau der Brücke, die der Menschen Lande traulich verbindet. […] Der unterirdische Tempel ist der freimaurerische Tempel, und die drei Könige sind Weisheit, Schönheit und Stärke." August Wolfstieg in den „Monatsheften der Comenius-Gesellschaft" (1912, 1. Heft), zit. in: LP[Artikel] Schlange.

227  „Die Ophiten interpretierten so die Schlange der Genesis nicht nur als das lebenserzeugende Prinzip, sondern zugleich als die weltsprengende Vernunft schlechthin; lehrte sie doch die ersten menschen vom Baum der Erkenntnis zu essen" [Ernst Bloch: Atheismus im Christentum. Zur Religion des Exodus und des Reichs. Hamburg 1970, S. 166–171 (Die Ophiten), S. 167].

Wissensüberträgerin, bis hin zu Mysterienkulten mit der Schlange als Zentral-symbol für das Weltwirken. Diesem Sinn nach ist die Schlange in langer Tradition Symboltier für Weisheit, als Wissens- und Schatzhüterin begegnet sie in *Märchen* und *Sagen*.

Im Weimarer Symbolprogramm findet sich die Schlange am *Schlangenstein*, der antike Anleihen mit dem freimaurerischen Verständnis des ‚Genius‘ zusammen-bringt. Als Tier in der Gefolgschaft der Demeter erhält die Schlange ein positives Gesicht, und so, wie am Tempelherrenhaus ein Salamander in die Tür einge-schnitt war, ist es am Römischen Haus die Schlange im Türklopfer. Im *Märchen* mahnt der Mann mit der Lampe: „Gedenke der Schlange in Ehren […] du bist ihr das Leben, deine Völker sind ihr die Brücke schuldig, wodurch diese nachbarli-chen Ufer erst zu Ländern belebt und verbunden werden"[228] Die Schlange rettet dem Jüngling das Leben: „Sie zog mit ihrem geschmeidigen Körper einen weiten Kreis um den Leichnam, faßte das Ende ihres Schwanzes mit den Zähnen und blieb ruhig liegen."[229] In der Form des Ouroboros hat sie magische Kräfte, die bei Nacht jedoch aussetzen, so daß nur ein Lichtträger helfen kann. „Wer schafft uns den Mann mit der Lampe, ehe die Sonne untergeht? zischte die Schlange leise, aber vernehmlich".[230] Bei ihrer Opferung durchläuft sie eine Metamorphose und zerfällt zu Edelsteinen aus denen die Neue Brücke entsteht. In diesem Bild bündeln sich Anspielungen auf alchemistische Transmutationsprozesse, die in der Hermeti-schen Freimaurerei des 18. Jahrhunderts eine herausragende Rolle spielen. Analog zu den Metallverwandlungsprozessen verwandelt sich der Mensch vom groben und unwissenden, zum sittlich gereiften Individuum. Im Aufgriff von Transmu-tationsprozessen in der Hochgradmaurerei ist eine „Analogie zum symbolischen Bauen" gesehen worden (O. Wirth),[231] eine Interpretation, die sich auch auf die Figur der Schlange im *Märchen* übertragen läßt.

Die Antworten beim Gespräch im unterirdischen Tempel weisen die Schlange als Eingeweihte aus, denn sie flüstert dem Alten mit der Lampe das Vierte Geheim-nis ins Ohr. Sie hat einen metallischen Umwandlungsprozeß erfahren, da das Gold in ihr zu Licht und das Unterirdische dadurch sichtbar wird. „Lange hatte man

---

228 MA, Bd. 4.1, Wirkungen der Französischen Revolution 1791–1797, I., S. 547.

229 Ebd., S. 537.

230 Ebd., S. 538. Und: „In dieser Not sah die Schlange sich überall um, denn sie fürchtete jeden Augenblick werde die Sonne untergehen, die Fäulnis den magischen Kreis durchdringen" (Ebd.).

231 Oswald Wirth: Le Symbolisme hérmetique dans ses rapports avec l'Alchemie et la Franc-Maçonnerie, 2. Aufl. 1931. LP [Artikel] Schlange.

ihr schon versichert, daß diese Erscheinung möglich sei."[232] und so hätte sie „in Hoffnung des herrlichen Lichtes alles unternommen was man ihr auferlegte."[233], worunter das Licht als Zentralsymbol aller Freimaurerei zu verstehen ist.

Im unterirdischen Tempel führt der Goldene König das Gespräch mit der Schlange und auch dieser Dialog hat unverkennbar masonischen Charakter:

> „Kaum hatte die Schlange dieses ehrwürdige Bildnis angeblickt, als der König zu reden anfing und fragte: wo kommst du her? – Aus den Klüften, versetzte die Schlange, in denen das Gold wohnt. Was ist herrlicher als Gold, fragte der König? – Das Licht, antwortete die Schlange. – Was ist erquicklicher als Licht? fragte jener – das Gespräch antwortete diese."[234]

Das große Werk steht ihr jedoch noch bevor, und so „versank [...] die Schlange nach Osten, und [...] durchstrich mit großer Schnelle die Klüfte der Felsen."[235] Im Garten der Lilie weissagt sie: „der Tempel ist erbauet", worauf Lilie versetzt: „Er steht aber noch nicht am Flusse [...] Noch ruht er in den Tiefen der Erde, sagte die Schlange [...] ich hörte die großen Worte im Tempel ertönen: es ist an der Zeit."[236] Später ermöglicht sie die Überquerung des Flusses mit „herrlichen Bogen [...] wodurch die wohltätige Schlange ihnen einen glänzenden Weg bereitete".[237] Am anderen Ufer zieht die Schlange wieder ihren Kreis und teilt mit, daß sie sich zum Opfer entschlossen habe, durch Liliens Berührung geht das Leben von ihr in den starren Körper des Jünglings über, wobei die Schlange eine „sonderbare" Veränderung erfährt: „Ihr schöner schlanker Körper war in tausend und tausend Edelsteine zerfallen, unvorsichtig hatte die Alte [...] an sie gestoßen und man sah nichts mehr von der Bildung der Schlange, nur ein schöner Kreis leuchtender Edelsteine lag im Grase."[238] Aufgesammelt und in den Fluß geschüttet, bilden „die Reste ihres aufgeopferten Körpers [...] die Grundpfeiler dieser herrlichen Brücke".[239]

Im *Märchen* werden verschiedene Mineralien aufgezählt. Bei Schilderungen der erleuchteten grünen Schlange wird etwa der Smaragd wiederholt erwähnt. Ihre erste, einbogige Brücke ist ein grünschimmerndes Wunderwerk: „Wie rief der Prinz, war sie nicht schon schön genug, als sie vor unseren Augen wie von Jaspis und Prasem gebaut dastand? Muß man nicht fürchten, sie zu betreten, da sie aus

---

232  MA, Bd. 4.1, Wirkungen der Französischen Revolution 1791–1797, I., S. 520.
233  Ebd., S. 521.
234  Ebd., S. 524.
235  Ebd., S. 526.
236  Ebd.
237  Ebd., S. 541.
238  Ebd., S. 542.
239  Ebd., S. 547.

Smaragd, Chrysopas und Chrysolith mit der anmutigsten Mannigfaltigkeit zusammengesetzt scheint?"[240], später teilt die Schlange über den Verwandlungsprozeß mit: „Die Weissagung von der Brücke ist erfüllt! […] Was sonst undurchsichtiger Jaspis, nur Prasem war, […] ist nun durchsichtiger Edelstein geworden."[241]

Wie andere Edelsteine ist der Smaragd über die Zeiten vielfach symbolisch gedeutet worden. Mit Hermes Trismegistos steht in Zusammenhang, daß die Ende des 14. oder 15. Jahrhunderts erfundene Geheimtafel, die *Tabula Smaragdina* des Hermes Trismegistos das Rezept des Steins der Weisen enthalten habe.[242] Im biblischen Kontext ist der Smaragd einer der zwölf Edelsteine im Brustbild des Hohepriesters (2. Mos. 28,17), in der Apokalypse des Johannes erscheint ein Regenbogen aus Smaragden (Off. 4,3) und in der Stadtmauer des Neuen Jerusalem ist der vierte Grundstein ein Smaragd (Off. 21,19). In der freimaurerischen Farbsymbolik ist Grün (die Farbe der Schottenloge) auch die Farbe Johannes des Evangelisten und die Symbolfarbe der Religion, der Hoffnung und der Neuerweckung.[243] Dies leitet uns zum nächsten Aspekt hinüber.

## Einflüsse aus der *Offenbarung des Johannes*

Die biblischen Einflüße im *Märchen* waren schon verschiedentlich Gegenstand von Interpretationen, allerdings ohne eine Verbindung zum masonischen Bezugsrahmen herzustellen.[244]

An die Apokalypse des Johannes erinnert fühlte sich Prinz August von Sachsen-Gotha-Altenburg (1747–1806, 1774 Aufnahme in die Gothaer Loge *Ernst zum Kompass*, Illuminat) bei der Lektüre des *Märchens*. Mit einem geistreichen Brief erbat er Goethes Erklärung (An Goethe, 13. Dezember 1795): „ich kann es dem Buchdrucker nicht wohl verzeihen, daß er sich unterfangen habe, das Wort: *Märchen* hin zu setzen, wo *Offenbarung* oder gar kein Titel […] hingehörte. Wenigstens konnte er die lästerliche *Offenbarung*, daß die die Sache nur für ein *Märchen* halte, ganz für sich allein behalten. Im Ganzen gehet mir zwar einiges Licht auf,

---

240  Ebd., S. 531.
241  Ebd., S. 534.
242  LP [Artikel] Hermes Trismegistos.
243  [Artikel] Farbsymbolik, freim. In: Reinhold Dosch: Deutsches Freimaurerlexikon. 2. überarb. Aufl. Bonn 1999.
244  Friedrich Ohly: Römisches und Biblisches in Goethes „Märchen". In: Zeitschrift für deutsches Altertum und deutsche Literatur 91 (1961); S. 147–166. Daran anknüpfend: Christian Clement: „Offenbares Geheimnis" oder „geheime Offenbarung" – Goethes *Märchen* und die Apokalypse. In: Goethe Yearbook, Vol. 17, 2010.

aber ich darf es nicht wagen, mich den beiden Irrlichtern damit in die Mitte zu stellen"[245]. Dem stellt August von Gotha einen Katalog von Fragen voran:

> „wer ist der junge König? wer ist die schöne Lilie? (doch wohl nicht die französische?) wer ist der alte Fährmann? wer ist der Alte mit der Lampe? wer ist die Alte mit dem Korbe, und warum muß ihre Hand schwinden und wieder geheilt werden? wer ist die Schlange? wer sind die beiden Irrlichter? (doch wohl keine Jakobiner?) wer ist der Kanarienvogel? wer ist der Habicht? wer ist der Mops? wer ist der Riese? wer sind die Überbringerinnen der Harfe, des elfenbeinernen Stuhls, und des Sonnenschirms? was sind die drei Artischocken? was sind die drei Kohlhäupter? was sind die drei Zwiebeln?"

(An Goethe, 13. Dezember 1795).[246] Die Fragen Augusts von Gotha kulminieren schließlich in der Formel: „kurz, wer ist was sind? wer ist? was sind?", worauf er die alles entscheidende Frage für die Deutung des Textes stellt: „Hat nicht jedes seinen Schlüssel?".[247]

August von Gotha schrieb Goethe in freimaurerischer Diktion (Verweis auf Evangelist Johannes, Begriffsfeld des Wanderns, Lichtmetaphorik), Goethe antwortete in Andeutungen und Wendungen (Erwähnung „Jünger Questiones", ,höchster Grad‘, Zahl 99), die im masonischen Bezugsrahmen stehen. „Ich finde in der belobten Schrift, welche nur ein so frevelhaftes Zeitalter als das unsere ausgeben kann, alle Kennzeichen einer Weissagung und das vorzügliche Kennzeichen im höchsten Grad. Denn man sieht offenbar daß sie sich auf das Vergangene wie auf das Gegenwärtige und Zukünftige bezieht."[248]

Die Anspielungen auf die Apokalypse des Johannes, Vision einer Endzeit und zugleich zukunftsutopischer Entwurf, sind im *Märchen* sowohl auf sprachlich-stilistischer Ebene als auch im Handlungsverlauf und dem Schlußbild verwirklicht. Einen ersten intertextuellen Hinweis gibt Goethe in seinem Begleitbrief zum Manuskript an Schiller, indem er die wiederkehrende Formel: Selig ist/Selig sind…[249] aufgreift:

---

245  Zit. nach: MA, Bd. 4.1, Wirkungen der Französischen Revolution 1791–1797, I., S. 1061.

246  Ebd.

247  Ebd.

248  Zit. nach: MA, Bd. 4.1, Wirkungen der Französischen Revolution 1791–1797, I., S. 1062.

249  Beginnend in der Einleitung: „Selig ist, der da liest und die da hören" (Off. 1,3), oder im Schluß „Selig ist, der die Worte der Weissagung in diesem Buch bewahrt." (Off. 22,7), findet sich die Wendung in der *Offenbarung* an acht Stellen.

„Wie ich in dieser letzten Zeit meine Tonne gewälzt habe, wird Ihnen, werter Mann, aus beiliegendem bekannt werden. Selig sind die da *Märchen* schreiben, denn *Märchen* sind l'ordre du jour. Der Landgraf von Darmstadt ist mit 200 Pferden in Eisenach angelangt und die dortigen Emigrirten drohen sich auf uns zu repliiren, der Churfürst von Aschaffenburg wird in Erfurt erwartet. Ach! warum steht der Tempel nicht am Flusse! Ach! warum ist die Brücke nicht gebaut!"[250]

Die Exklamationen beziehen sich auf die Schlußverse aus dem Lied der Lilie. Damit verschmilzt hier die Fiktion des *Märchens* mit einer gegenwärtig anzustrebenden Überwindung von Unglück durch einen humanitären Zukunftsentwurf. Und dies ist konkret auf die Situation der Emigranten beziehbar, da das *Märchen* als „Produkt der Einbildungskraft" die *Unterhaltungen deutscher Ausgewanderter* ins „Unendliche" (das heißt Überzeitliche) auslaufen lassen sollten (An Schiller, 17. August 1795).

Eine andere, aus dem *Märchen* rückübersetzte Wendung ist die Formel „Es ist an der Zeit": „Selig ist, der da liest und die da hören die Worte der Weissagung und behalten, was darin geschrieben ist; denn die Zeit ist nahe (Off. 1,3)" und „Versiegle nicht die Worte der Weissagung in diesem Buch, denn die Zeit ist nahe!" (22,10). Mit der apokalyptischen Formel wird im *Märchen* die Erlösung aus der Erstarrung ankündigt. So ruft zuerst der Alte mit der Lampe im unterirdischen Tempel: „Es ist an der Zeit!"[251], später berichtet die Schlange im Garten der Lilie: „ich hörte die großen Worte im Tempel ertönen: es ist an der Zeit."[252], worauf die Schöne hofft, die Worte bald dreimal gesprochen zu hören, was im unterirdischen Tempel geschieht – „Es wird sich offenbaren, sagte der Alte, denn es ist an der Zeit."[253]

Neben den sprachlichen Merkmalen ist auch der Vergleich von Bildern des Neuen Jerusalem und dem Tempel im *Märchen* aufschlußreich. Johannes sieht auch einen Tempel voraus. Die „Hütte Gottes bei den Menschen" (Offb. 21,3) entsteht und bringt Gott den Menschen näher, so daß alles Leid ein Ende hat: „er wird bei ihnen wohnen [...] und Gott wird abwischen alle Tränen von ihren Augen, und der Tod wird nicht mehr sein" (21,3–4). Die heilige Stadt kommt „hernieder [...] aus dem Himmel von Gott", ihre Schönheit ist außergewöhnlich „ihr Licht war gleich dem alleredelsten Stein, einem Jaspis, klar wie Kristall" (21,10–11). Im *Märchen* kommt der Tempel von Unten und steigt aus der Erde am Flußufer auf. Statt einer Stadtmauer mit zwölf Türmen entsteht aus der

---

250  Zit. nach: MA, Bd. 4.1, Wirkungen der Französischen Revolution 1791–1797, I., S. 1058–1059.
251  Ebd., S. 525.
252  Ebd., S. 535.
253  Ebd., S. 543.

Schlange eine irdische, dennoch besondere Steinbrücke, die die getrennten Ufer verbindet. Der Handlungsverlauf des *Märchens* schildert, wie schwer das Erreichen der jeweils anderen Seite vorher war.

Als Zwischenresümee ist festzuhalten, daß zu Goethes vielfach interpretiertem *Märchen* bis heute keine schlüssige Deutung vorliegt. Im Zuge der Veröffentlichung hat Goethe das *Märchen* als Rätseltext ausgegeben, die Frage nach dem Schlüssel hierfür jedoch offengelassen. Im Verfolg früher Interpretationsansätze, die im Text mauerische Bilder ausgemacht haben, findet sich eine Vielzahl von symbolischen Motiven, die den masonischen Bezugsrahmen des *Märchens* hervortreten lassen, etwa die Anspielungen auf die Apokalypse (Formelhafte Wendungen, Edelsteinkatalog und Transmutationsprozesse, hierin das Feld der hermetischen Maurerei aufgreifend). Weiter zählt auch die positiv konnotierte Symbolik der Schlange als Weisheitshüterin und Ewigkeitssymbol dazu. Im folgenden werden diese Aspekte weiter vertieft und mit der Erörterung des Figurenrepertoires verbunden, worüber sich die verschiedenen Sinnschichten des *Märchens* erschließen lassen.

## Zum Figuren- und Motivrepertoire: Der Fährmann

Mit der Figur des alten Fährmanns wird der Vorhang des *Märchens* aufgezogen. „An dem großen Flusse, der eben von einem starken Regen geschwollen und übergetreten war, lag in seiner kleinen Hütte, müde von den Anstrengungen des Tages, der alte Fährmann und schlief."[254] Der Fährmann ist eine der Zentralfiguren im *Märchen* und es erstaunt, daß diese Figur bisher keine Einzelinterpretation erfahren hat.

Zwei unruhige Irrlichter wecken den Fährmann nachts, um übergesetzt zu werden. „Der Alte säumte nicht, stieß ab und fuhr, mit ungewöhnlicher Geschicklichkeit, quer über den Strom".[255] Nachdem die ungebärdigen Lichter ungebeten Gold abgeschüttelt haben, trägt der Fährmann seine Lohnforderung vor. Für seine Arbeit nimmt er nur Früchte der Erde an, genauer, drei Kohlhäupter, drei Artischocken und drei Zwiebeln, die ihm die Lichter schuldig bleiben. Nach dem Fortschaffen des gefährlichen Goldes vom Wasser „fuhr er nach seiner Hütte zurück".[256] Wenig später taucht der Fährmann an der Uferstelle auf, wo die Alte ihn zum Abtrag der Schuld erwartet. Da von jeder Gemüsesorte jeweils eines fehlt, kann der Fährmann die Ware nicht annehmen, die Alte bittet ihn

254  Ebd., S. 519.
255  Ebd.
256  Ebd., S. 520.

inständig, doch „Er blieb bei seiner abschläglichen Antwort, indem er ihr versicherte, daß es nicht einmal von ihm abhange. Was mir gebührt, muß ich neun Stunden zusammen lassen, und ich darf nichts annehmen, bis ich dem Fluß ein Dritteil übergeben habe."[257]

Im weiteren Erzählverlauf bleibt der Fährmann verschwunden, bis die Erschütterung des aufsteigenden Tempels ein merkwürdiges Ding hervorbringt. Es ist „Die kleine Hütte des Fährmanns, denn sie war es, die der Tempel im Aufsteigen vom Boden abgesondert und in sich aufgenommen hatte, sank allmählich herunter und bedeckte den Jüngling und den Alten."[258] Als das ganze Gebilde anschüttert, irren die Frauen „ängstlich [...] in der Dämmerung um die Hütte, die Türe war verschlossen und auf ihr Pochen hörte niemand."[259] Schließlich beginnt die hölzerne Hütte zu klingen, und wir erleben einen weiteren Transmutationsprozeß, da sich die Hütte in Silber verwandelt. Das „edle Metall verließ die zufälligen Formen der Bretter, Pfosten und Balken und dehnte sich zu einem herrlichen Gehäuse von getriebener Arbeit aus. Nun stand ein herrlicher kleiner Tempel in der Mitte des Großen, oder wenn man will ein Altar des Tempels würdig."[260] Aus diesem Gebilde treten nun der Jüngling und der Alte mit der Lampe heraus, sowie „ein anderer"[261], „der in einem weißen Gewand hervorkam und ein silbernes Ruder in der Hand hielt, man erkannte in ihm sogleich den Fährmann, den ehemaligen Bewohner der verwandelten Hütte."[262] Goethe verwendet das Wort ‚Hütte' allein in diesem Abschnitt bewußt viermal und verbindet es mit der Figur des Fährmanns. Damit stellt sich am Wendepunkt der Erzählung heraus, daß die Hütte des Fährmanns eine eigene Motivfunktion hat. Aus der alten Holzhütte wird der Altar des neuen Tempels. Am Schluß wird „das Ruder"[263] als Attribut neben der Lampe (des Alten) und dem Schwert (des Jünglings und neuen Königs) noch einmal hervorgehoben.

Die Bedeutung all dieser sonderbaren Vorgänge erklärt sich im Zusammenhang der wichtigsten Handlungsmotive. Das *Märchen* schildert neben der Zusammenführung eines Liebespaares hauptsächlich ein Baugeschehen. Und es ist eben auch das Bauthema, das den Schlüssel für die Figur des Fährmanns bildet. Denn Goethe hat in der Figur des alten Fährmanns dem von ihm verehrten Baumeister Andrea Palladio ein dichterisches Denkmal gesetzt. Mit Geburtsnamen hieß der

---

257  Ebd., S. 528.
258  Ebd., S. 544.
259  Ebd.
260  Ebd.
261  Ebd.
262  Ebd.
263  Ebd., S. 548.

große Architekt Palladio nämlich *Andrea di Pietra della Gondola*. Genannt wurde er nach seinem Vater, Pietro della Gondola, ein Bruder des Vaters war Schiffer, vielleicht kommt der Familienname aus einer Berufstradition. Sicher ist, daß die Familie in Padua in der Nähe des Flusses Brenta wohnte, der Vater war ein Mühlenunternehmer und insofern lebte die Familie auch vom Strom.[264]

Verweise auf Palladio sind in Goethes Briefen an Schiller aus der Entstehungszeit des *Märchens* enthalten, und es ist merkwürdig, daß die Deutungshinweise bis jetzt nicht verstanden worden sind. Lediglich die Schiller-Forschung hat Schlüsse über das zeitgleich entstandene Gedicht *Der Spaziergang* daraus gezogen. Schillers und Goethes Briefe dieser Wochen durchzieht das Thema der Brücken in geradezu verblüffender Weise, speziell dreht es sich um die Brücken Palladios. Doch war dies keines der Themen Schillers, der Italien nie sehen sollte und auch keine engere Beziehung zur Architektur hatte. Und so ist der briefliche Diskurs, der sich aus einem Gespräch entwickelte zuerst auf die Goethes aktuelle Dichtung beziehbar, das zu vollendende *Märchen*.[265]

An dieser Stelle soll an Goethes Erweckungserlebnis bei Anblick der Bauwerke Palladios zu Beginn der Italienreise in Vicenza angeknüpft werden, das er mit demjenigen des Renaissancemystikers Jakob Böhme bei Schau in einen widerscheinenden Zinnteller gleichsetzte.

„Nur fühle ich leider, wie weit ich in diesen Kenntnissen zurück bin, doch es wird vorwärts gehen, wenigstens weiß ich den Weg. Palladio hat mir ihn auch dazu, und zu aller Kunst und Leben geöffnet. Es klingt das vielleicht ein wenig wunderlich, aber doch nicht

---

264  Volker Plagemann: Die Villen des Andrea Palladio. Hrsg. v. Bremer Zentrum für Baukultur u. d. Deutsch-Italienischen Gesellschaft in Bremen u. Hamburg. Hamburg 2012, S. 89.

265  So will Schiller am 13. September 1795 etwas über „die schöne Brücke mit einem Bogen" erfahren, ob diese in Vicenza stehe und über die Etsch führe. Goethe antwortet am 16. September mit einer Richtigstellung, daß es sich um eine dreibogige Brücke handele. Mit demselben Schreiben bittet er den Freund, ihm das *Märchen* zur Fertigstellung zurück zu schicken, was am 18. September erfolgt. Am 23. September schickt Goethe das vollendete Manuskript an Schiller und räumt ein, daß die von Schiller vorgeschlagene Veröffentlichung in einem Stück besser ist, da noch ‚Zurechtrückungen' im Text erfolgen konnten. Die Antwort Schillers vom 25. September fehlt, am 26. schreibt Goethe den oben zitierten Brief („Selig sind, die da *Märchen* schreiben, denn *Märchen* sind l'ordre du jour"). Schiller an Goethe am 2. Oktober: das *Märchen* hat unterhalten und gefällt gewiß allgemein, „Mündlich ein Mehreres", 3. Oktober an Schiller: „Daß mir, nach Ihrem Urteil, das *Märchen* geglückt ist, macht mir viel Freude, und ich wünsche über das Ganze nunmehr mit Ihnen zu sprechen und noch einige Versuche zu machen." Schillers Antwort v. 4.10. fehlt.

so paradox, als wenn Jacob Böhme, bei Erblickung einer zinnernen Schüssel, durch Einstrahlung Jovis, über das Universum erleuchtet wurde." (Venedig, 8. Oktober 1786)[266]

Daß Palladio ihm den Weg „zu aller Kunst und Leben" geöffnet habe, ist eine Aussage, die auch herausgelöst aus der euphorischen Stimmung der Italienreise die Relevanz hervorhebt, die Goethes Baupraxis eignet. Neben den prägenden Eindrücken bei Ansicht der Gebäude hat Goethe in Italien intensive Studien zu Baugeschichte und Architekturtheorie betrieben. Voller Freude berichtet Goethe etwa von einem Gespräch in einer Buchhandlung bei Erwerb der architekturtheorie Palladios, bei dem man ihn für einen Architekten hielt (Padua, 27. September 1786). Vierzig Jahre später und sicher nicht zufällig wird eine besonders schöne und seltene Palladio-Ausgabe den Bestandskatalog der Turmbibliothek beschließen. Die *Vier Bücher zur Architektur* weisen Goethe den Weg in die Baukunst, Palladio ist sein Cicerone, außerdem Vitruv. Nichts ist ihm zeitweilig wichtiger als die Aneignung eines baukundlichen Wissens, das er später immer mehr erweitert und damit die Grundlage für die Bauvorhaben in Weimar schafft.

## Von Artischocken

Drei Artischocken bleiben die Lichter dem Fluß schuldig, als Tribut für das Übersetzen. In römischer Zeit wurden Flußopfer zur Besänftigung von Flußgöttern insbesondere beim Brückenbau erbracht, der auch die Kenntnis der Rituale voraussetzte.[267] Mit diesem Wissen wartet im *Märchen* der Fährmann auf, der seine Fahrgäste bescheidet, daß Gold den Fluß in Wallung bringe. Er ist nur mit *Früchten der Erde* zu bezahlen, die er mit dem Gewässer teilt. Die Frau des Alten mit der Lampe zieht in ihrem Garten Artischocken, ein Hinweis auf eine mediterrane Region, während im Garten der Lilie nirgends eine Artischocke zu finden ist.

Nicht erst in Italien hat Goethe das Distelgemüse kennen- und schätzen gelernt. In Weimar versuchte er über Jahre mit Frau Christiane, eigene Artischocken im Hausgarten zu ziehen, wo sie schlecht gediehen.[268] Artischocken-Sendungen aus dem klimatisch begünstigten Frankfurt wurden sogar im Tagebuch vermerkt. So bezieht die Nobilitierung des Gemüses im *Märchen* einen gewissen Witz daraus, daß es für die umherlaufende Alte fast ebenso schwer zu erlangen ist, wie für den Feinschmecker in Thüringen.

---

266  MA, Bd. 15, Italienische Reise, S. 103.
267  Ernst Thomas Reimbold: [Artikel] Flußgottheiten. In: Manfred Lurker (Hrsg.): Wörterbuch der Symbolik. 5. Aufl. Stuttgart 1991.
268  Renate Hücking: Mit Goethe im Garten. Inspiration und Grünes Wissen aus den Gärten der Goethezeit. München 2013, S. 136.

Goethes Vorliebe für das Gemüse ist bekannt, für den Dichter bedeutete die Artischocke jedoch sehr viel mehr, da er sie zu einem Symbol seiner und Carl Augusts Maurerei erkor. Es ist in der Forschung bislang unbemerkt geblieben, daß das Motiv der Artischocke an prominenten Stellen im Weimarer Bauprogramm angebracht wurde. So war etwa Carl Augusts Sekretär mit vier vergoldeten Artischocken versehen, wobei die Vierzahl ebenfalls bedeutsam ist und das ,längliche Viereck' (die Logenform) oder auch die Himmelsrichtungen symbolisiert.[269] In der floralen Dekoration des Gelben Zimmers sind zudem Akanthusartige Blattmotive aufgemalt, die auf das Distelgewächs verweisen.

*Abb. 26: Turm am Tempelherrenhaus (1816), Detail (Artischocke)*

Im Tempelherrenhaus sind die Artischocken im Eingang des Turms ein besonderes Zeichen. Und während sie früher hinter der Eingangstür verborgen waren, sind sie heute für jeden Parkbesucher sichtbar. Schreitet man durch das Turmportal und blickt nach oben, sieht man im Himmel Artischocken herunterhängen, zwölf an den Außenseiten, und von der Anlage her wohl auch noch drei von den Nasen in der Mitte, die nicht erhalten sind. Der Grundriß des Turms erinnert mit der Form eines langgezogenen Rechtecks an die Logenform und

---

269  LP [Artikel] Zahlen, Heilige.

zwölf ist die Mindestzahl an Maurern für die Bildung einer Loge. In diesem Zusammenhang ist die Artischocke als ein Symbol für den Freimaurer zu verstehen, da die Artischocke feiner wird, je mehr der rauhen Außenblätter abgeschält werden. Dadurch ergibt sich eine Analogie zur Arbeit am Rauhen Stein. Das Symbol der Distel verweist im freimaurerischen Zusammenhang überdies auf den Schottischen Ritus, da die Distel als Nationalblume Schottlands im Kontext der Schottenlogen dargestellt wird.

In Goethes Schriften aus der Zeit um Entstehung des *Märchens* ist ein Hinweis auf die persönliche Symbolzuweisung der Artischocke enthalten, doch hat dieses assoziative Notum bislang keine Beachtung gefunden. Der Eintrag ist gleichzeitig Beleg dafür, wie bedeutend die Auseinandersetzung mit der Baukunst für Goethe war, da das Bauen mit dem maurerischen Streben in eins gesetzt wird. Im Stichwortkatalog zur *Vorbereitung zur zweiten Reise nach Italien*[270] (zur Entstehung vgl. Briefe an Schiller vom 14. September und Meyer am 16. November 1795) führt Goethe die Artischocke auf und setzt etwas zu deren Geschichte und Verbreitung von Sizilien aus dazu. Er versieht den Eintrag aber zugleich mit einer Literaturangabe: „Carciofi Artischocke. Beckmann II. 135.". Dabei handelt es sich um den seltenen Druck von Johannes Beckmann *De historia naturali veterum libellus primus* (1766). Auf der angegebenen Seite findet sich jedoch kein Eintrag zu den Disteln, sondern unerwartet eine Stelle, die das Bauen und die Verwendung der dafür geeigneten Gehölze zum Gegenstand hat, unter Verweis auf Palladio und Vitruv:

> „Qua de arbore etsi veteres, tanquam de re tunc temporis fatis nota loquuntur, tamen viri docti hoc certe in re vivis alioquin gravissimis, Plinio nimirum & Palladio, & Vitruvio fidem denegarunt."[271]

Das Buchkapitel handelt von den Natur-Erzählungen der Alten („De fabulis, quae in historia natur. vet. occurr."). Dieser merkwürdige Verweis, der von der Artischocke zu den Großen Baumeistern führt, ist insofern von besonderer Bedeutung, da wir in diesem Detail Einblick nehmen in Goethes ‚einzigartige Organisation'. Das Symbol der Artischocke erhält darin eine Scharnierfunktion zwischen Maurertum und Baukunst. Dieser Ausgangspunkt leitet über zu der nächsten zentralen Figur im *Märchen*, dem Alten mit der Lampe.

---

270  MA, Bd. 4.2, Wirkungen der Französischen Revolution 1791–1797, I., S. 519–603.
271  Johannes Beckmann, De historia naturali veterum, libellus primus. Göttingen 1766, S. 135. Die Angabe „II." hängt wohl mit der Bindung des Werks in zwei Teilen zusammen, denn ein zweiter Band wurde nicht veröffentlicht.

## Der Alte mit der Lampe

Ebenso wie der Fährmann hat das Figurenmotiv des Alten mit der Lampe eine handlungsmotivierende Funktion. Denn wie jener dem Jüngling die Überquerung des Flußes ermöglicht, ist dieser mit der Kraft seiner Lampe unentbehrlich. So rettet er den Leichnam des Jünglings vor der Fäulnis der Nacht, erleuchtet den Tempel, führt weise Dialoge und versilbert die alte Hütte. Damit wird die Hütte zum Tenpel im Tempel oder zu einem würdigen Altar darin.

Hier zeigt sich eine weitere Parallele der Figuren, denn auch der Mann mit der Lampe bewohnt eine Hütte, eine ausgesprochen uralte, wie aus den Schilderung seines alten Weibes hervorgeht. Nachdem die beiden Irrlichter das alte Gold von den Wänden heruntergeleckt hatten, kamen als Bausubstanz alte Steine zum Vorschein, die die Alte „seit hundert Jahren nicht mehr gesehen"[272] hatte. Spricht man von einer *Hütte* im Zusammenhang mit der *Geschichte* (darauf verweist die Temporalangabe), kann es sich im Zusammenhang mit einem Baugeschehen einzig um Vitruvs Ur-Hütte handeln. Diese nimmt Palladios antikes Vorbild Vitruv als Ausgang aller menschlichen Bautätigkeit an, da die zu Feuer und Sprache gekommenen Menschen mit dem Bau von Behausungen anfingen (*De Architectura Libri Decem, Lib. sec., I*). Einen Hinweis auf den Vorläufer liefert die Beschreibung der Hütte selbst, „die an einen Berg angebauet war"[273], wie es auch Vitruv beschreibt als eine der ersten Bauweisen der frühen Menschen in Nachahmung der Schwalbennester. Goethe hat sich Vitruvs Theorie von der Urhütte in einem Aufsatz zur *Baukunst* von 1795 skeptisch genähert (hier auch die Bezeichnung der Urhütten-Legende als ,Märchen'). Die wichtigste architektur-aitiologische Erzählung hat er dennoch in einer passenden Textsorte, seinem *Märchen*, aufgegriffen und damit poetisch nobilitiert.

## Die Lilie und der Jüngling

Die Figur der Lilie gehört einer biographischen Schicht des Textes an. Dem Thema der Arbeit folgend soll aber auch in diesem Zusammenhang hauptsächlich auf die masonischen Motive eingegangen werden.

Die Lilie wird als unvergleichlich schönes Mädchen geschildert, das am anderen Ufer des Flußes in einer Art Jenseitswelt lebt, umgeben von einem merkwürdigen Garten, den sie selbst angepflanzt hat. Artischocken sind in Liliens Garten nicht zu finden, obwohl die dort wachsenden Pinien und Zypressen an eine

---

272   Zit. nach: MA, Bd. 4.1, Wirkungen der Französischen Revolution 1791–1797, I., S. 526.
273   Ebd.

südliche Landschaft erinnern, Eichen und Buchen hingegen einer nördlichen Region zuzurechnen sind. Ein großer See gehört zu der Landschaft, die nur auf den ersten Blick einen locus amoenus darstellt. Lange schon harrt die Lilie in ihrem todumwehten Reich aus und wartet auf Zeichen, die den Bau des Tempels und ihre Erlösung anzeigen. Kunstvoll vermag die Schöne die Harfe zu spielen und dazu zu singen, womit sie ihre Zuhörer zu Tränen rührt. Der Name ‚Lilie' läßt an einen hellen Phänotyp denken, eine blauäugige Blonde, die im Kontrast zu dem sonnengebräunten, Jüngling mit den dunklen Augen steht. Der Jüngling, ein Prinz, dem in der Vergangenheit übel mitgespielt wurde und dessen wohlmeinendes Handeln erfolglos war, ist gekommen, um seine frühere Liebe von dort abzuholen. Es ist das Bestreben des Jünglings, das Mädchen zu holen und zu seiner Frau zu machen, dafür hat er eine gefährliche Fahrt ausgestanden und muß sich noch weiter Prüfungen stellen, bevor der Wunsch in Erfüllung gehen kann.

Wie der Fährmann hat auch die schöne Lilie im *Märchen* einen sprechenden Namen, da der Figurenentwurf in Goethes Frankfurter Jugendliebe Lili Schönemann sein Vorbild hat. Anna Elisabeth genannt Lili Schönemann (1758–1817, verh. 1778 mit Freiherr Bernhard von Türkheim, 1752–1831, wichtiger Förderer der Freimaurerei im Elsaß) blieb zeitlebens die einzige Frau, mit der Goethe ein Verlöbnis eingegangen ist. Aus den Selbstzeugnissen, vor allem aber den Rechenschaft ablegenden Kapiteln von *Dichtung und Wahrheit* geht hervor, wieviel Lili ihm bedeutete, aber auch, wie ambivalent diese Beziehung war. Lilis Welt war die der Mode und gesellschaftlichen Vergnügungen, Goethe benennt dies in Selbstzeugnissen als Hauptgrund für die Entfremdung von der Geliebten. Als Bankiersfamilie gehörten die Schönemanns den ersten Kreisen an, Lili wuchs in der Atmosphäre der Rokoko-Salons auf, von ihrer Feinheit aber auch von ihren Capricen berichten zahlreiche Briefe des zeitweilig verzweifelten Goethe.

In all den Wirren überraschte Lili ihn mit dem ernstgemeinten Vorschlag, sie wolle mit ihm nach Amerika auswandern. Die endgültige Trennung von Lili sei der eigentliche Grund für sein Kommen nach Weimar gewesen, äußerte Goethe lange nach ihrem Tod gegenüber Eckermann und gestand: „Sie war in der Tat die erste, die ich tief und wahrhaft liebte. Auch kann ich sagen, daß sie die letzte gewesen; denn alle kleinen Neigungen, die mich in der Folge meines Lebens berührten, waren, mit jener verglichen, nur leicht und oberflächlich. ‚Ich bin', fuhr Goethe fort, ‚meinem eigentlichen Glücke nie so nahe gewesen, als in der Zeit jener Liebe zu Lili.'" (Gespräche mit Eckermann, 5. März 1830)[274] Die

---

274    Goethes Gespräche mit Johann Peter Eckermann. Neu herausgegeben und eingeleitet v. Franz Deibel. 2 Bde. Leipzig 1908, Bd. II, S. 385–387. „Der vierte Band von

Lebenslinie Lilis, ihre spätere Lebensbewährung zur napoleonischen Zeit, hat Goethe mit Anteil aus der Ferne verfolgt. Ihr Schicksal als einer aus dem Elsaß geflohenen ‚deutschen Ausgewanderten' hat Titel und Rahmen von Goethes Novellensammlung sicher beeinflußt, auch das ungefähr zeitgleich entstandene Versepos *Hermann und Dorothea* (1796/'97) steht mit Lili in Zusammenhang.

Neben dem Namenshinweis erinnert Liliens virtuoses Harfenspiel an Goethes Lili. Sie spielte mit Leichtigkeit Klavier, kennengelernt hatten sie sich bei einem Hauskonzert. Ein weiterer Hinweis auf die frühere Liebe ist die Situierung in einer Gartenanlage, dem „Park der schönen Lilie".[275] Diese Bezeichnung stellt einen intertextuellen Bezug zu dem Gedicht *Lilis Park* (1775) her, das in den Lili-Kapiteln von *Dichtung und Wahrheit* aufgenommen wurde. In dem Langgedicht macht der Verliebte seiner Eifersucht Luft, indem er die zahlreichen Verehrer seiner Freundin als Menagerie beschreibt, „arme[n] Prinzen allzumal in ungelöschter Liebesqual" (auch der Jüngling im *Märchen* ist ein abgerissener Prinz), die um die Gunst der zaubermächtigen „Fee" buhlen.[276] Ähnlich wie im *Märchen* vermag die Fee Lili mit ihren Lockrufen Unbelebtes zu beleben, wenn die Verehrer in allen Gestalten aus dem Gehölz kriechen.

Auch die Lilie hält sich Tiere, die sie durch unwillkürliche Berührungen jedoch tötet. Die vielen Bäume des Parks waren erst Reiser auf den Gräbern ihrer Tiere und einzigen Gesellschaft. Zwar vermag sie den versteinerten Mops der

---

‚Wahrheit und Dichtung'", fuhr er fort, „wo Sie die jugendliche Glücks- und Leidensgeschichte meiner Liebe zu Lili erzählt finden werden, ist seit einiger Zeit vollendet. Ich hätte ihn längst früher geschrieben und herausgegeben, wenn mich nicht gewisse zarte Rücksichten gehindert hätten, und zwar nicht Rücksichten gegen mich selber, sondern gegen die damals noch lebende Geliebte. Ich wäre stolz gewesen, es der ganzen Welt zu sagen, wie sehr ich sie geliebt; und ich glaube, sie wäre nicht errötet zu gestehen, daß meine Neigung erwidert wurde. Aber hatte ich das Recht, es öffentlich zu sagen ohne ihre Zustimmung? Ich hatte immer die Absicht, sie darum zu bitten; doch zögerte ich damit hin, bis es denn endlich nicht mehr nötig war […] Die Hindernisse, die uns auseinander hielten, waren im Grunde nicht unübersteiglich, – und doch ging sie mir verloren. Meine Neigung zu ihr hatte etwas so Delikates und etwas so Eigentümliches, daß es jetzt in Darstellung jener schmerzlich-glücklichen Epoche auf meinen Stil Einfluß gehabt hat. Wenn Sie künftig den vierten Band von ‚Wahrheit und Dichtung' lesen, so werden Sie finden, daß jene Liebe etwas ganz anderes ist, als eine Liebe in Romanen."

275 Zit. nach: MA, Bd. 4.1, Wirkungen der Französischen Revolution 1791–1797, I., S. 531.

276 *Lilis Park.* Zit. nach MA, Bd. 1.1, Der junge Goethe 1757–1775, I., S. 266–269; S. 266 f.

Alten nicht in ein Lebewesen von Fleisch und Blut zurückverwandeln, doch belebt sich der Stein unter ihren Händen. Bald springt die Statue von Onyx als drolliges Hündchen umher, das mit der lamentierenden Alten ein komödiantisches Element des Textes darstellt. So wird die traurige Schöne nicht müde den Mops zu necken, an ihren Busen zu drücken und gar auf die schwarze Schnauze zu küssen, so daß dem Jüngling die Sinne vergehen vor Eifersucht auf diese „wiedernatürliche Mißgeburt".[277]

Mit dem Emblem des Mopses wird ein weiteres Kapitel im Geheimbundwesen des 18. Jahrhunderts aufgeschlagen, das des Mopsordens, über dessen merkwürdige Bräuche schon Peraus Verräterschrift Auskunft gab (L'ordre des Francs-Maçons trahi et le Secret des Mopses révélé, Amsterdam [d.i. Frankfurt] 1745).[278] Die halb ernsten, halb spaßhaften Bräuche der Mopsgesellschaft tragen die galante Schrift des Rokoko. Als gemischte Orden an katholischen Residenzen um 1740 gegründet, parodierten die Mopsdamen und -Herren freimaurerische Rituale in Anbetung ihres Maskottchens als Figur aus Meißen-Porzellan, dem man im Namen der allmächtigen Liebe das Hinterteil küßte. Der Mops stand im System des Ordens für Treue und Standhaftigkeit, ein Mopsmedaillon trugen die Ordensmitglieder verdeckt als Bijou. Eine der wichtigsten Vertreterinnen, Markgräfin Wilhelmine von Bayreuth (1709–1758, Schwester Friedrichs II., „Großmeisterin" dieses Ordens ebenda), wurde 1740 in Frankfurt aufgenommen. Auch Perau verweist auf eine dortige „Loge", und es ist gut denkbar, daß die Verbindung bis zu den Kreisen der Schönemanns reichte.

Zum Motiv des Mopses kommt am Ende des Märchens die der Lilie zugeordnete Liebesthematik hinzu. Dies ist ebenso als Anspielung auf die Verfassung des Mopsordens zu verstehen. Nach der Erhebung des Jünglings im Tempel holt er Lilie bei der silbernen Hütte ab. Vorher überreichen ihm die drei Könige noch die Insignien von maurerischer Tugend und Weisheit: ein Schwert für die Stärke (mit Vernunft zu brauchen: ‚Scheide im Schwert, die Rechte frei!'), Szepter (Schönheit der Welt und Kontemplation: ‚Weide die Schafe!') und Weisheit (‚Erkenne das Höchste'). Daneben wird die Liebe als „vierte Kraft"[279] etabliert.

---

277  MA, Bd. 4.1, Wirkungen der Französischen Revolution 1791–1797, I., S. 537.

278  Anonym [d.i. Gabriel Louis Calabre Perau]: Der verrathene Orden der Freymäurer, und das offenbarte Geheimniß der Mopsgesellschaft. Reprografischer Nachdruck der Ausgabe Frankfurt u. Leipzig 1745. Mit einem Nachwort Hrsg. v. Anselm Maler. Habichtswald 2000.

279  MA, Bd. 4.1, Wirkungen der Französischen Revolution 1791–1797, I., S. 546.

Der Alte mit der Lampe entgegnet dem fragenden Jüngling lächelnd, gleich einem Trauspruch: „die Liebe herrscht nicht, aber sie bildet und das ist mehr."[280]

Die Wendung, die das *Märchen* mit dem Tempelbau und der Eheschließung von Jüngling und Lilie nimmt, ist nichts weniger als die Überwindung der Zeit, da das jenseitige und diesseitige Ufer als Allegorien auf Vergangenes und Gegenwärtiges nun verbunden sind, angesichts einer bedeutenden Zukunft. Der Fluß wird zum Jungbrunnen und es gilt auf Geheiß des Alten mit der Lampe, daß „von heute an [...] keine Ehe gültig" ist, „die nicht aufs neue geschlossen wird".[281] So hat Goethe mit diesem Text die verlassene Verlobte poetisch aus der Vergangenheit zurückgeholt und sie als Figur in den Kontext des maurerischen Wandelns gestellt. Eine Parallele ergibt sich aus dem Geprüftsein. Die Lilie muß vor ihrer Erlösung lange in der Einöde ausharren, ihr vorhergehendes Schicksal bleibt ungenannt. In Wirklichkeit bewies Goethes Lili als spätere Frau von Türkheim Tapferkeit, indem sie ihre Kinder aus dem besetzten Straßburg herausführte und tatkräftig ein Leben im Exil aufbaute.

An dieser Stelle kann die Frage beantwortet werden, warum Goethe auf die Verbreitung seines Rätsel-Märchens so großen Wert legte, obwohl die Zeit der Gesellschaftspiele in seinem Leben längst vorbei war. Da der Text Bekenntnischarakter hat, sollte die frühere Geliebte davon erfahren. Durch das Ratespiel und die persönlichen Verbindungen beispielsweise mit der Familie von Egloffstein erhöhten sich die Chancen, daß Lili auf das ihr zugedachte *Märchen* aufmerksam wurde.

## Der Tempel der Humanität und die Neue Brücke

Wenden wir uns noch einmal dem Bauen als Allegorie der Freimaurerei zu, denn dies ist das Thema von Goethes *Märchen*.

Eine humanitär gesinnte, befriedete Gesellschaft kann am Schluß Handel und Wandel nachgehen, und „bis auf den heutigen Tag wimmelt die Brücke von Wanderern, und der Tempel ist der besuchteste auf der ganzen Erde."[282] Mit dem symbolischen Tempelbau in Anlehnung an den Tempel Salomonis ist nach freimaurerischer Vorstellung das Ziel einer sittlichen Vervollkommnung der Menschheit erreicht. Auch insofern formuliert das *Märchen*, wie schon in bezug auf Lili, einen Wunschtraum, denn der Bau des Tempels der Humanität ist ein fortdauernder Prozeß der maurerischen Arbeit und kann auf Erden nicht vollendet werden. Wie in der freimaurerischen Bildwelt weist der Tempel im *Märchen* Vorhöfe,

---

280 Ebd.
281 Ebd., S. 547.
282 Ebd., S. 550.

unterirdische Gänge und ein Allerheiligstes auf, das von Lichtern erleuchtet ist.[283] Goethe hat das Bild des Tempels um eine Brücke ergänzt und damit allegorisch um ein Bauwerk erweitert, das den menschlichen Austausch befördert, „wodurch diese nachbarlichen Ufer erst zu Ländern belebt und verbunden werden."[284]

Nach der Transmutation der Schlange entsteht eine mehrbogige Steinbrücke, deren Beschreibung an ein nicht realisiertes Bauprojekt Palladios erinnert.[285] In den *Vier Büchern über die Architektur* beschreibt Palladio eine „Steinbrücke nach meinem Entwurf" (Drittes Buch, Kap. XI)[286]. Und wie hier wird auch die Brücke im *Märchen* beschrieben, die sich an den Tempelvorhof anschließt, und die

> „mit vielen Bogen den Fluß hinüber reichte; sie war an beiden Seiten mit Säulengängen für die Wanderer bequem und prächtig eingerichtet, deren sich schon viele tausend eingefunden hatten [...] Der große Weg in der Mitte war von Herden und Maultieren, Reitern und Wagen belebt, die an beiden Seite, ohne sich zu hindern, stromweise hin und her flossen."[287]

Und die Lilie weiß, daß die Weissagung erst erfüllt sei, wenn „Pferde und Wagen und Reisende aller Art zu gleicher Zeit über die Brücke herüber- und hinüberwandern"[288].

So hat Goethe seinem großen Lehrer in der Baukunst im *Märchen* jene Brücke erbaut, die „Nutzen und außerordentliche Schönheit mit sich gebracht"[289] hätte und die Palladio nicht realisieren konnte.

Zusammenfassend läßt sich über das *Märchen* sagen, daß Goethe hier ein Mehrfaches aus seiner künstler- und privatbiographischen Auseinandersetzung zu einem ästhetischen Ganzen zusammenfügte. Dessen Verständlichkeit sollte

---

283   Ebd., S. 542 und 546.
284   Ebd., S. 547.
285   Auf diesen Zusammenhang hat zuerst J. Büchsenschuß hingewiesen.
286   Andrea Palladio: I quattro libri dell' architectura/Die vier Bücher zur Architektur. Aus d. Italienischen übersetzt und eingeleitet v. Hans-Karl Lücke. 2. Aufl. Wiesbaden 2009, S. 245: „Wunderschön ist nach meinem Urteil der Entwurf der folgenden Brücke [...] Der Fluss ist außerordentlich breit, und die Brücke sollte exakt an der Stelle stehen, wo die Kaufleute ihren Geschäften nachgehen. Um der Größe und Würde der Stadt gerecht zu werden [...] habe ich auf der Brücke über ihre Breite drei Straßen gelegt, die mittlere weit und schön, die anderen beiden je zur Seite ein wenig kleiner. [...] Außerdem habe ich an den Brückenköpfen und über dem großen Bogen in der Mitte Loggien angelegt [...]".
287   MA, Bd. 4.1, Wirkungen der Französischen Revolution 1791–1797, I., S. 547.
288   Ebd., S. 534.
289   Andrea Palladio: I quattro libri dell' architectura/Die vier Bücher zur Architektur. Aus d. Italienischen übersetzt und eingeleitet v. Hans-Karl Lücke. 2. Aufl., S. 245.

einer allgemeinen Leserschaft enthoben sein, mochte sie raten, was sie wollte. Das *Märchen* sei ein Kunststück, das schwerlich wiederholbar sei, sagte Goethe darüber und gab damit einen deutlichen Hinweis auf den einzigartigen (und keinesfalls beliebigen) Inhalt. Das Kunststück ist Goethe freilich so gut gelungen, daß es sich über zweihundert Jahre hinweg einer stringenten Deutung entzogen hat. Einzig Goethes Freimaurerei in Zusammenschau mit den biographischen Spuren ergeben eine nachvollziehbare, nicht nur auf Einzelpassagen bezogene Interpretation. Da in unserem Zusammenhang eine Konzentration auf die masonische Thematik angestrebt war, sind weitere Beobachtungen und Details hier nicht aufgegriffen worden.

Resümierend ist über die hier vorgetragene Deutung des *Märchens* festzuhalten: Der alte Fährmann ist die Figuration des von Goethe verehrten Baumeisters Andrea Palladio („della Gondola‘), seine Hütte steigt später als Tempel im Tempel auf. Versilbert wird die Hütte des Fährmanns von dem Alten mit der Lampe, der eine noch viel ältere, an den Berg gebaute Hütte bewohnt und deren Wände uraltes Gold bedeckt, womit auf Vitruv und seine Erzählung von der Ur-Hütte angespielt wird. Vitruv war das antike Vorbild Palladios, er leuchtet voran und kennt alle unterirdischen Gänge zum Tempel. Die Artischocken sind ein von Goethe entwickeltes Privatsymbol für seine und Carl Augusts Maurerei (Sekretär im Römischen Haus, Tempelherrenhaus) und zugleich Bild für den Baugedanken (Verweis in Goethes Aufzeichnungen zur Zweiten Italienreise). Im *Märchen* sind diese nicht überall aufzufindenden ‚Früchte der Erde‘ der einzige annehmbare Lohn für den Fährmann und den Fluß, wie auch die Göttin Demeter (neben Minerva und Hermes Patronin des Weimarer Bauprogramms) lassen sie sich nicht mit rohen Blutopfern ehren.

Die Ankunft des Jünglings bei der Lilie ist eine Allegorie auf die Einlösung eines im Leben gebrochenen Versprechens, denn biographisches Vorbild für die Figur der Lilie ist Lili Schönemann, Goethes Verlobte von 1775. Wir können die Lili-Schicht des *Märchens* als biographische Bewältigungsstrategie Goethes verstehen. Wegen des Bruchs mit seiner Verlobten kehrte Goethe Frankfurt den Rücken und folgte der Einladung nach Weimar. Die Lili-Schicht reicht tief in Goethes Vergangenheit hinein, zwanzig Jahre lagen zwischen der Liebesbeziehung und der Niederschrift des *Märchens*. Auch insofern ist es plausibel, daß das Land der Lilie eine schwer erreichbare Jenseitswelt ist. Im *Märchen* holt der Jüngling die Geliebte unter großen Gefahren ab und vermählt sich mit ihr. Hierin erkennen wir weiter Parallelen zum *Zauberflöten*-Stoff, den Goethe um jene Zeit ebenfalls bearbeitete.

Das maurerische Implikat in den Figuren ist das des Wanderns (von langer Fahrt ist der Jüngling ganz abgerissen) und der Prüfungen (Todeserfahrung, Gespräch im Tempel und Bewährung). Lili/Die Lilie wird über das Mopssymbol in den Bezugsrahmen der Adoptions- und Frauenlogen gestellt. Das Schlußmotto „Die Liebe herrscht nicht, aber sie bildet, und das ist mehr" nimmt sich wie ein Zitat aus der Verfassung des Mopsordens aus, der sich der Liebe verschrieben hatte, und ergänzt die Drei Säulen der Johannismaurerei, Weisheit, Schönheit und Stärke, die dem neuem König zugeordnet werden. Der Tempel steigt herauf, wodurch ein weiterer Traum erfüllt wird, denn es ist die Vollendung des symbolisch zu verstehenden Tempels der Humanität, dem Ziel allen Strebens des Maurerbundes. Daß dieser am Fluß entsteht, erinnert schließlich an die Situierung des Römischen Hauses an der Ilm, das sich zur Entstehungszeit des *Märchens* im Bau befand. Auch war die Brückensituation in Weimar problematisch, die Pläne zur Erbauung einer neuen Brücke über die Ilm in Ersatz einer Floßfähre stammen ebenfalls aus dieser Zeit.

Goethe hat das Bild des Tempels (der mit seiner Rotunda ebenfalls an Palladios Baupläne erinnert) um eine Brücke ergänzt, die einen Entwurf Palladios aufgreift, des größten Baumeisters für Goethe. Dabei entsteht die Steinbrücke mit den drei Wegen aus einem Transmutationsprozeß der Schlange, womit die Verbindung zur Alchemie (Hermes Trismegistos, Tabula Smaragdina) und der darauf basierenden Hochgradmaurerei hergestellt wird.

# Schluß

Als 1825 Carl Augusts Regierungs- und Goethes Dienstjubiläum in kurzer Folge gefeiert wurden, blickten sie auf fünf Jahrzehnte gemeinsamen Bauens in Weimar zurück. Auch angesichts der Tatsache, daß bis auf die Fürstengruft alle hier beschriebenen und weitere Bauprojekte hatten abgeschlossen werden können, ist der dankbare Grundton in Goethes Lied *Zur Logenfeier des Dritten Septembers 1825* zu verstehen. Im Schlußteil wird auf die umfangreiche Bautätigkeit in Weimar verwiesen und das damit einhergehende Sichtbarwerden der Maurerei:

> „Nun auf und laßt verlauten
> Ihr brüderlich Vertrauten!
> Wie ihr geheim verehrt
> Nach außen sei's gekehret! […]
>
> Und jubelnd übermaßen
> Durchziehet neue Straßen!
> Wo wir ins Leere schauten
> Erscheinen edle Bauten […]"[290]

Und auch das Geschenk für Carl August, eine Bauzeichnung mit dem Titel *Pentazonium Vimariense*, war mit dem Thema verbunden. Es handelte sich um eine Grafik in der Ausführung Coudrays, zu dem ein erläuternder Text Goethes gehörte *(Pentazonium Vimariense, dem Dritten September 1825 gewidmet, vom Ober-Baudirektor Coudray gezeichnet, gestochen von Hofkupferstecher Schwerdtgeburt)*. Der Entwurf zeigt einen turmartigen Idealbau, der in fünf Ebenen den Lebens- und Regierungsweg Carl Augusts symbolisiert. Das Fundament des Turmes bildet eine rustizierte Basis, worauf zwölf Säulen dorischer Ordnung stehen. Den Abschluß bildet ein Triglyphen-Fries, dessen Metopenfelder freimaurerische Symbole zieren, es sind Zirkel und Winkelmaß, Hammer, Senkblei und Weltkugel. Nachvollziehen läßt sich dies anhand einer Graphitzeichnung des Architekten Johann Heinrich Wolff, der um 1826 eine Kopie des symbolischen Architekturdenkmals in Weimar anfertigte (Provenienz: Staatliche Museen Kassel, Gemäldegalerie, Grafische Sammlung, Inventar-Nr. L GS 15264). Für die Veröffentlichung wurde das *Pentazonium* abgewandelt, die Freimaurer-Symbole sind auf dem Druck fast nicht erkennbar.

---

290   MA, Bd. 13,1, Die Jahre 1820–1826, S. 122–124; S. 123.

So wurde mit der Betonung der Bautätigkeit unter Carl August mit den Symbolbildern an Goethes Haus und den zugehörigen Gedichten ein großer Zusammenhang hergestellt, der das masonische Fundament unmißverständlich erkennen läßt. Von daher verwundert es, daß diese Aspekte von keiner der beteiligten Disziplinen bei der Untersuchung Weimars zur Goethezeit bisher erkannt worden sind. Am Geburtstag des Herzogs 1825 kam Goethe am frühen Morgen zum Römischen Haus. Die Begrüßungsszene hat Kanzler von Müller (Friedrich von Müller, 1779–1849, 1809 Aufnahme in die Loge Amalia unter Mitwirkung Goethes, er leitete die Trauerloge für Goethe und war sein Testamentsvollstrecker) in seinen Erinnerungen geschildert:

> „Das Zusammentreffen des Großherzogs mit Goethe war der Moment, der den Gefeierten sichtbar am meisten erschütterte. Mit beiden Händen hatte der Großherzog Goethes Hände ergriffen, der vor Rührung nicht zu Worte kommen konnte und endlich nur sagte: <Bis zum letzten Hauch beisammen!> Der Großherzog zeigte bald wieder Fassung, und ich hörte: <O achtzehn Jahr und Ilmenau!> [...] <Gedenken wir aber dankbar besonders daran, daß uns auch heute noch erfüllt ist, was uns in Tiefurt vorgesungen wurde: NUR LUFT UND LICHT / Und Freundeslieb' / Ermüde nicht/Wem dies noch blieb!> – <Dies Dreifache gab mir, was ich gegeben!> antwortete Goethe, den die innerste Bewegung noch nicht verlassen hatte, als ihn der Großherzog umarmte und dann zu einem Fenster hinzog, wo beide leise sprachen"[291].

Wie die Wiedergabe von Goethes letzten Worten durch Coudray: „Mach doch den Fensterladen im Schlafgemach auf, damit mehr Licht hereinkomme"[292] ist die Echtheit des Dialogs an Carl Augusts Geburtstag in den Erinnerungen des Kanzlers von Müller infrage gestellt worden, da ein emotionales Gespräch dieser Art der Beziehung zwischen dem Herzog und Goethe nicht zu entsprechen schien.[293] Tatsächlich haben wir es in beiden Fällen mit den bewußt geformten Zeugnissen zweier Freimaurer zu tun, die vor dem Horizont unserer Erkenntnisse ein besonderes Gewicht erhalten. Goethes Erwiderung auf Carl Augusts Zitation der frühen gemeinsamen Losung „Dies Dreifache gab mir, was ich gegeben!" nimmt die zahlensymbolisch bedeutende Dreiheit auf. Goethe selbst

---

291    GTzT, Bd. VII, 1821–1827; S. 531.
292    Clemens Wenzeslaus Coudray: Goethes letzte Lebenstage und Tod betreffende Notizen. In: Schüddekopf, Carl (Hrsg.): Goethes Tod. Dokumente und Berichte der Zeitgenossen. Leipzig 1907, S. 100 f.
293    Friedrich Sengle: Das Genie und sein Fürst. Die Geschichte der Lebensgemeinschaft Goethes mit dem Herzog Carl August von Sachsen-Weimar-Eisenach. Ein Beitrag zum Spätfeudalismus und zu einem vernachlässigtem Thema der Goetheforschung. Stuttgart u. Weimar 1993, S. 492 f.

hebt im Tagebuch die Uhrzeit seines Gratulationsbesuchs hervor: „Früh 6 Uhr zu *Serenissimo* in's römische Haus"[294], noch vor Tagesanbruch. Wir dürfen nach alldem davon ausgehen, daß die beiden lebenslang verbundenen, in Weimar wirkenden Männer nebeneinander ans Fenster traten, um den Sonnenaufgang über dem Römischen Haus zu beobachten.

Kommen wir zur Zusammenfassung der wichtigsten Aspekte. Die extensive Bau- und Ausstattungsgeschichte des Römischen Hauses in einem siebenjähri-gen Bauprozeß unter ständiger Mitwirkung Goethes weist darauf hin, daß es sich nicht nur um ein Gebäude mit Lehrfunktion handeln kann. Auch ist es nicht allein der Italienerinnerung gewidmet. Diese hat Goethe vor allem beim Umbau seines Hauses am Frauenplan einfließen lassen, auch hätte dem die Nutzung des Römi-schen Hauses durch Carl Augusts widersprochen, der mit Italien weitaus weniger verband. Die Entwicklung der künstlerischen Ausstattung (Aufwendige Auftrags-arbeiten, Künstlerreisen Meyers) und Überwachung (Aufregung über verpfuschte Wandmalereien im Gelben Zimmer) hat über Jahre Goethes Zeit beansprucht, die ihm, der immer haushälterischer im Umgang damit wurde, zu schade gewesen wäre für eine rein dekorative Ausstattung des herzoglichen Gartenhauses.

In der vorliegenden Studie konnte gezeigt werden, daß das Römische Haus als Freimaurertempel geplant und ausgestattet wurde. Mit dieser Erkenntnis läßt sich eine Reihe von Besonderheiten in der Errichtung des Gebäudes erklären, beginnend bei dem Bauvorgehen (Planung durch Goethe, Baubeginn ohne An-wesenheit des Architekten) und Bauplatzwahl (Hanglage, Ostausrichtung), so-wie die ungewöhnliche Kellergestaltung oder die Weglassung von Türen ohne erkennbaren Grund. Weiter konnte gezeigt werden, daß auch die wechselnden Giebelprogramme einer freimaurerischen Symbolik verpflichtet sind, bei der ersten Gestaltung der Nemesis mit der Elle als Maß verhaltener als beim zwei-ten Entwurf, der Zirkel und Weltkugel zeigt, ergänzt um eine Minerven- und Demeter-Darstellung, den mythologischen Patroninnen von Goethes und Carl Augusts Maurerei. Ob Vestibül, Blaues oder Gelbes Zimmer, in jedem der Räu-me des Römischen Hauses finden sich Anleihen und motivliche Interpretatio-nen aus der freimaurerischen Bildwelt oder Symbolik. Auch das Interieur – etwa im besonderen Schreibmöbel oder in der Bienenkorb-Uhr – stellt eine Vielzahl von Bezügen dazu her. Sodann war das symbolisch-ästhetische Umfeld des Rö-mischen Hauses zu erfassen, das über die „Agathe Tyche"-Skulptur, die Sphinx-grotte, den Schlangenstein, die Drei Säulen bis zum Tempelherrenhaus reicht. In den Bau wurden das Pentagramm als altes Geheimbundsymbol (Turmanbau)

---

294  GTzT, Bd. VII, 1821–1827; S. 530.

und Symbole des Demeter-Kultes (Holzschnitzereien im Portal) aufgenommen. In diesem Zusammenhang waren Zusammenhänge mit Goethes und Schillers Dichtung zu suchen, die den Stoff mehrfach aufgreift (*Das Eleusische Fest* und *Das Lied von der Glocke*; *Faust*). Über den Park hinaus war auch die Herzogliche Bibliothek Bestandteil des maurerischen Bauprogramms mit Meyers *Genius* in der Deckenöffnung im Rokokosaal, das mit der Umwandlung des alten Stadtmauerturms zu einer Turmbibliothek und dem besonderen Bestand ihren Höhepunkt erreicht. Hier fließen Goethes Dichtung und sein Bauschaffen wohl am markantesten zusammen, da sich unverkennbare Parallelen zu der Turmgesellschaft im *Wilhelm Meister* auftun. Zu den Vorgängen in der Bibliothek gehört auch die Niederlegung von Schillers Schädel. Die von Goethe hierzu erdachte Zeremonie trägt ebenso freimaurerische Züge, wie die spätere Beisetzung der Gebeine in der Fürstengruft und die Beisetzung Goethes selbst. Die Gruft von Coudray ist schließlich Carl Augusts Meisterbau, mit einer Ost-West-Ausrichtung wie das Römische Haus. Der letzte Abschnitt der Studie nimmt masonische Motive in Goethes Dichtung in den Blick. Hier konnte gezeigt werden, daß die maurerischen Einflüsse weit über den Kontext seiner Logengedichte oder des Epenfragmentes *Die Geheimnisse* hinausgehen. In diesen Kontext gehört auch Goethes Versuch eines Librettos für *Der Zauberflöthe zweyter Theil*. Den Abschluß der Arbeit bildet eine Interpretation von Goethes *Märchen* vor dem Hintergrund der gewonnenen Erkenntnisse. Betrachtungen zum Schlangenmotiv, zum Figuren- und Motivrepertoire (Der Fährmann, Der Alte mit der Lampe, Die Lilie und der Jüngling) und zum symbolischen Tempel legen ein mit biographischen Schichten (Lili Schönemann, Palladio-Erlebnis) verbundenes Verweissystem offen.

Es bleibt zu wünschen, daß die hier dargestellten Ergebnisse in zukünftige Arbeiten Aufnahme finden, um das Verständnis für Goethe und sein gemeinsames Wirken mit Carl August in Weimar weiter zu vermehren.

# Literaturverzeichnis

## Siglen

GTzT:  Goethes Leben von Tag zu Tag. Eine dokumentarische Chronik in acht Bänden. Bd. I-V bearb. v. Robert Steiger, fortges. v. Angelika Reimann. Zürich 1982 ff.

HA:  Goethes Werke. Hamburger Ausgabe in 14 Bdn. Hrsg. v. Erich Trunz. Hamburg 1948ff.

HED:  Hederich, Benjamin: Gründliches mythologisches Lexicon […]. Leipzig: Gleditsch, 1770 [Nachdruck Darmstadt: Wissenschaftliche Buchgesellschaft, 1996].

MA:  Johann Wolfgang Goethe Sämtliche Werke nach Epochen seines Schaffens. Münchner Ausgabe. Hrsg. v. Karl Richter u.a. München 1985 ff.

LP:  Lennhof, Eugen/Posner, Oskar: Internationales Freimaurer Lexikon. Unveränderter Nachdruck der Ausgabe von 1932. München 1980.

## Werkausgaben und biographische Zeugnisse

Goethe's Werke. Vollständige Ausgabe letzter Hand. Unter des durchlauchtigsten deutschen Bundes schützenden Privilegien. Stuttgart und Tübingen, in der J.G. Cotta'schen Buchhandlung, 1828.

Goethes Werke. Herausgegeben im Auftrage der Großherzogin Sophie von Sachsen. Weimar 1887 ff.

Goethes Werke. Hamburger Ausgabe in 14 Bdn. Hrsg. v. Erich Trunz. Hamburg 1948 ff.

Goethe. Berliner Ausgabe. Berlin und Weimar 1965 ff.

Johann Wolfgang Goethe. Sämtliche Werke nach Epochen seines Schaffens. Münchner Ausgabe. Hrsg. v. Karl Richter u.a. München 1985 ff.

Johann Wolfgang Goethe. Sämtliche Werke. Briefe, Tagebücher und Gespräche. Vierzig Bde. Hrsg. v. Hendrik Birus u.a. Frankfurt/M. 1987 ff.

Goethes Gespräche mit Johann Peter Eckermann. Neu herausgegeben und eingeleitet v. Franz Deibel. 2 Bde. Leipzig 1908.

Goethes Unterhaltungen mit dem Kanzler Friedrich von Müller (Hrsg. v. Ernst Grumsch) München 1956.

## Weitere Literatur

Anonym [d.i. Gabriel Louis Calabre Perau]: Der verrathene Orden der Frey-mäurer, und das offenbarte Geheimniß der Mopsgesellschaft. Reprografischer Nachdruck der Ausgabe Frankfurt u. Leipzig 1745. Hrsg. v. Anselm Maler. Habichtswald 2000.

Assmann, Jan u. Ebeling, Florian: Ägyptische Mysterien. Reisen in die Unterwelt in Aufklärung und Romantik. Eine kommentierte Anthologie. München 2011.

Bauer, Joachim u. Müller, Gerhard: Des Maurers Wandeln, es gleicht dem Leben. Tempelmaurerei, Aufklärung und Politik im klassischen Weimar. Rudolstadt 2000.

Berger, Andreas u. Grün, Klaus-Jürgen: Geheime Gesellschaft. Weimar und die deutsche Freimaurerei. Katalog zur Ausstellung der Stiftung Weimarer Klassik im Schiller-Museum Weimar 21. Juni bis 31. Dezember 2002. München 2002.

Beyer, Andreas (Hrsg.): Das Römische Haus in Weimar. München/Wien 2001.

Blödorn, Andreas: Fortgehn ins Unendliche: Goethes „Der Zauberflöte Zweyter Theil" als kosmologische Allegorie auf Mozarts Oper. In: Rüdiger Görner (Hrsg.): Mozart – eine Herausforderung für Literatur und Denken. Jahrbuch für Internationale Germanistik, Reihe A, Bd. 89. Bern/Berlin u.a. 2007; S. 125–149.

Boos, Heinrich: Geschichte der Freimaurerei. Ein Beitrag zur Kultur-Literaturgeschichte des 18. Jahrhunderts. (o. O.) 2. Aufl. 1906.

Bosse, Hannes: Clemens Wenzeslaus Coudray. Architekt und Stadtplaner des Klassizismus. Weimar 2008.

Bothe, Rolf: Clemens Wenzeslaus Coudray. Ein deutscher Architekt des Klassizismus. Köln/Weimar/Wien 2013.

Boyle, Nicholas: Goethe: Der Dichter in seiner Zeit, Bd. 2, München 1999.

Büchsenschuß, Jan: Goethe und die Architekturtheorie. Hamburg 2010 (zugl. Diss. Berlin, Techn. Univ., 2009).

v. Buttlar, Adrian: Der englische Landsitz: 1715–1760. Symbol eines liberalen Weltentwurfs. Köln 1989 (zugl. Univ. Diss. München 1982).

– ders.: Der Landschaftsgarten. Gartenkunst des Klassizismus und der Romantik. Köln 1989.

– ders. Das Grab im Garten. Zur naturreligiösen Deutung eines arkadischen Gartenmotivs. In: Heinke Wunderlich (Hrsg.): „Landschaft" und Landschaftsgarten im 18. Jahrhundert. Heidelberg 1995, S. 79–120.

Deile, Gotthold: Goethe als Freimaurer. Berlin 1908.

Dosch, Reinhold: Deutsches Freimaurerlexikon. Bonn 1999.

von Einem, Herbert: Goethe und Palladio. In: Nachrichten der Akademie der Wissenschaften in Göttingen I. Philologisch-Historische Klasse Jahrgang 1956, 1. Göttingen 1956.

Ewald, Rainer: Goethes Architektur: des Poeten Theorie und Praxis. Weimar 1999.

Friedenthal, Richard: Goethe. Sein Leben und seine Zeit. Zürich 1963.

von Gehren, Miriam: Die Herzogin Anna Amalia Bibliothek in Weimar: Zur Baugeschichte im Zeitalter der Aufklärung. Köln u.a. 2013.

Gerlach, Hans Egon u. Herrmann, Otto: Goethe erzählt sein Leben. Nach Selbstzeugnissen Goethes und Aufzeichnungen seiner Zeitgenossen. 5. Aufl. Frankfurt/M. 1965.

Greiling, Werner/Klinger, Andreas/Köhler, Christian (Hrsg.): Ernst II. von Sachsen-Gotha-Altenburg. Ein Herrscher im Zeitalter der Aufklärung. Köln 2005.

Groß, Stefan: Die Weimarer Klassik und die Gartenkunst. Über den Gattungsdiskurs und die Bildenden Künste in den theoretischen Schriften von Goethe, Schiller und Krause. Frankfurt/M. 2009.

Gundolf, Friedrich: Goethe. 7. Aufl. Berlin 1920; S. 490 ff.

Hecker, Max: Schillers Tod und Bestattung. Nach den Zeugnissen der Zeit im Auftrag der Goethe-Gesellschaft. Leipzig 1935.

Hinderer, Walter: Schiller und kein Ende: Metamorphosen und kreative Aneignungen. Würzburg 2009.

Hoffmeister, Johannes (Hrsg.): Goethes Märchen. Mit Einführung und Anhang. Iserlohn 1948. Einführung S. 5–25.

Holtzhauer, Helmut: Wie ein leises Traumbild. Goethe und Wörlitz. Hrsg. v. Nationale Forschungs- und Gedenkstätten der klassischen Deutschen Literatur in Weimar. Weimar 1965.

Jericke, Alfred: Das Römische Haus. Hrsg. v. d. Nationalen Gedenk- und Forschungsstätten der klassischen deutschen Literatur in Weimar. Berlin u. Weimar 1967.

Jericke, Alfred u. Dolgner, Dieter: Der Klassizismus in der Baugeschichte Weimars. Weimar 1975. Darin: Das Römische Haus, S. 137–161.

Keller, Harald: Goethe, Palladio und England. Bayerische Akademie der Wissenschaften, Philosophisch-Historische Klasse. Sitzungsberichte Jahrgang 1971, 6. München 1971.

Kittler, Friedrich A.: Über die Sozialisation Wilhelm Meisters. In: Gerhard Kaiser u. Friedrich A. Kittler: Dichtung als Sozialisationsspiel. Studien zu Goethe und Gottfried Keller. Göttingen 1978, S. 13–124.

Klauß, Jochen: Der „Kunschtmeyer". Johann Heinrich Meyer: Freund und Orakel Goethes. Weimar 2001.

Knorr, Birgit: Georg Melchior Kraus (1737–1806). Maler – Pädagoge – Unternehmer. Biographie und Werkverzeichnis. Diss. Univ. Jena, 2003.

Ludwig, Ariane: „Ohne Poesie läßt sich nichts in der Welt wirken, Poesie aber ist
Mährchen." Zu Goethes Märchen und seinem Mährchen. In: Fabula, Bd. 55
(2014), 1/2; S. 87–104.

Müller, Gerhard: Goethe und Carl August. Freundschaft und Politik. In: Hellmut
Seemann (Hrsg.): Anna Amalia, Carl August und das Ereignis Weimar. Göttingen 2008, S. 132–164.

Müller-Wolff, Susanne: Ein Landschaftsgarten im Ilmtal. Die Geschichte des
herzoglichen Parks in Weimar. Köln/Weimar/Wien 2007.

Neumann, Michael: Roman und Ritus. Wilhelm Meisters Lehrjahre. Frankfurt/M.
1992.

Nettl, Paul: Musik und Freimaurerei. Mozart und die Königliche Kunst. Eßlingen a. N. 1956.

Niedermeier, Michael: „Vorhöfe, Tempel und Heiligstes". Der Herzoglich Englische Garten. Entstehung und Bedeutung. In: Werner Greiling, Andreas Klin-
ger u. Christian Köhler (Hrsg.): Ernst II. Von Sachsen-Gotha-Altenburg. Ein
Herrscher im Zeitalter der Aufklärung. Köln, 2005; S. 185–200.

– ders. „Die ganze Erde wird zu einem Garten". Gedächtniskonstruktionen im
frühen deutschen Landschaftsgarten zwischen Aufklärung und Geheimnis.
In: Weimar – Archäologie eines Ortes. Georg Bolenbeck, Jochen Golz et al.
Weimar 2001; S. 120–175.

– ders. Symbolik in Gärten des 18. Jahrhunderts. Ein Literaturbericht. In: Zeitschrift für Internationale Freimaurerforschung. Hrsg. v. Helmut Reinalter
in Zusammenarbeit mit dem Institut für Ideengeschichte. 10. Jg., 19, 2008,
S. 67–80.

Oesterle, Günter: Die „schwere Aufgabe, zugleich bedeutend und deutungslos"
sowie „an nichts und alles erinnert" zu sein. Bild- und Rätselstrukturen in
Goethes „Das Märchen". In: Helmut J. Schneider, Rolf Simon, Thomas Wirtz
(Hrsg.): Bildersturm und Bilderflut um 1800. Bielefeld 2001, S. 184–209.

Ohly, Friedrich: Römisches und Biblisches in Goethes „Märchen". In: Zeitschrift
für deutsches Altertum und deutsche Literatur 91 (1961); S. 147–166.

Palladio, Andrea: I quattro libri dell' architectura/Die vier Bücher zur Architektur. Aus d. Italienischen übersetzt und eingeleitet v. Hans-Karl Lücke. 2. Aufl.
Wiesbaden 2009.

Pietsch, J.: Johann Wolfgang Goethe als Freimaurer. Leipzig 1880.

Plagemann, Volker: Die Villen des Andrea Palladio. Hrsg. v. Bremer Zentrum für Baukultur u. d. Deutsch-Italienischen Gesellschaft in Bremen u. Hamburg. Hamburg 2012.

Poser, Therese: Das *Märchen*. In: Knörrich, Otto (Hrsg.): Formen der Literatur. 2. überarb. Aufl. Stuttgart 1991; S. 251–259.

v. Reusner, Ernst: Nachwort. In: J. W. Goethe Novelle. Das *Märchen*. Stuttgart 1995; S. 71–79.

Reinalter, Helmut: Freimaurerei und Geheimgesellschaften. In: Ders. (Hrsg.): Aufklärungsgesellschaften. Frankfurt/M. u.a. 1993; S. 83–96.

– ders. Handbuch der freimaurerischen Grundbegriffe. Innsbruck 2002.

– ders. (Hrsg.): Freimaurerische Kunst – Kunst der Freimaurer. Innsbruck 2005.

Reinhardt, Hartmut: Geheime Wege der Aufklärung. Goethe, der Illuminatenorden und das Epos-Fragment „Die Geheimnisse". In: Walter Müller-Seidel u. Wolfgang Riedel (Hrsg.): Die Weimarer Klassik und ihre Geheimbünde. Weimar 2002, S. 145–176.

Schauenberg, Josef: Vergleichendes Handbuch der Symbolik der Freimaurerei: mit besonderer Rücksicht auf die Mythologieen und Mysterien des Alterthums. Schaffhausen 3 Bde., 1861–1863.

Schings, Hans-Jürgen: Die Illuminaten in Stuttgart. Auch ein Beitrag zur Geschichte des jungen Schiller. In: DVjS 66 (1992), S. 48–87.

– ders. Wilhelm Meister und das Erbe der Illuminaten. In: Jahrbuch der deutschen Schillergesellschaft 43 (1999), S. 123–147.

Schüddekopf, Carl (Hrsg.): Goethes Tod. Dokumente und Berichte der Zeitgenossen. Leipzig 1907.

Selbmann, Rolf: Von Oeser zu Füßli. Goethes Brief an Lavater vom November 1779 im Kontext der zeitgenössischen Denkmalsdiskussion. In: Lenz-Jahrbuch: Sturm-und-Drang-Studien. Matthias Luserke-Jaqui, Gerhard Sauder, Christoph Weiß u. Reiner Wild (Hrsg.), Bd. 13–14 (2004–2007), S. 143–161.

Sengle, Friedrich: Das Genie und sein Fürst. Die Geschichte der Lebensgemeinschaft Goethes mit dem Herzog Carl August von Sachsen-Weimar-Eisenach. Ein Beitrag zum Spätfeudalismus und zu einem vernachlässigtem Thema der Goetheforschung. Stuttgart u. Weimar 1993.

Terner, Ursula: Freimaurerische Bildwelten. Die Ikonographie der freimaurerischen Symbolik anhand von englischen, schottischen und französischen Freimaurerdiplomen. Petersberg 2001 (zugl. Diss. Univ. Mainz 2000).

Titzmann, Michael: Strukturen und Rituale von Geheimbünden in der Literatur um 1800 und ihre Transformation in Goethes Wilhelm Meisters Lehrjahre.

In: Denise Blondeau, Gilles Buscot und Christine Maillard (Hrsg.): Jeux et fêtes dans l'œvre de J. W. Goethe. Strasbourg 2000, S. 197–224.

Voges, Michael: Aufklärung und Geheimnis. Untersuchungen zur Vermittlung von Literatur- und Sozialgeschichte am Beispiel der Aneignung des Geheimbundmaterials im Roman des späten 18. Jahrhunderts. Tübingen 1987.

Vitruv: Vitruvii de architectura libri decem/Zehn Bücher über Architektur. Übers. u. m. Anmerkungen versehen v. Curt Fensterbusch. 3. Aufl. Darmstadt 1981.

Wagenknecht, Wolfgang: Goethes „Ehrfurchten" und die Symbolik der Loge. In: Zeitschrift für deutsche Philologie, Bd. 84. Berlin 1965. H4, S. 490–497.

Wahle, Julius: Auslegungen des *Märchens*. In: Goethe Jahrbuch 25 (1904); S. 37–44. [hier auch ungek. Brief des Prinzen von Sachsen-Gotha zum *Märchen*]

Werche, Bettina: Kräuters Skizze des Rokokosaales der Großherzoglichen Bibliothek. In: Hellmut Seemann (Hrsg.): Anna Amalia, Carl August und das Ereignis Weimar. Jahrbuch der Klassik Stiftung Weimar 2007. Göttingen 2007, S. 244–271.

Wernekke, Hugo: Goethe und die königliche Kunst. Leipzig 1905.

Winckelmann, Johann Joachim: Geschichte der Kunst des Altertums. Sonderausg. unveränd. reprograf. Nachdr. der Ausgabe Wien 1934. Darmstadt 1993.

Windfuhr, Manfred: Herkunft und Funktion der Geheimgesellschaft vom Turm in Goethes Wilhelm Meisters Lehrjahren. In: M. W. (Hrsg.): Erfahrung und Erfindung. Interpretationen zum deutschen Roman vom Barock bis zur Moderne. Heidelberg 1993, S. 66–88.

Ziegler, Hendrik: Die Nemesis am Giebel des Römischen Hauses: kunstpolitisches Manifest der „Weimarer Klassik". In: Johann Heinrich Meyer. Kunst und Wissenschaft im Klassischen Weimar. Hrsg. v. Alexander Rosenbaum. Göttingen 2013; S. 17–44.

# Verzeichnis der Abbildungen

Sämtliche Fotografien von der Autorin.

# Personen- und Sachregister

Namen und Begriffe, die durchgehend im Text genannt werden, wurden nicht in das Register aufgenommen.

Mit herzlichem Dank an Professor Dr. Anselm Maler, der die Arbeit über zwei Jahre begleitet und nachhaltig gefördert hat.

*Meiner Familie in Dankbarkeit und Liebe
und
meiner Großmutter Erika Perschel geb. Wolff (1918–2017)
in liebevollem Angedenken.*

# Studien zur Neueren Literatur

## Herausgegeben von Anselm Maler

www.peterlang.de